いま一番解決したいこと

高橋佳子
Keiko Takahashi

三宝出版

目次

はじめに——私たちと世界の変容《へんよう》のために

世界は昨日と同じようにあり続ける？

多くの人にとって言葉にするまでもない常識があります。それは、私たちを取り囲む世界は昨日と同じように今日もあり続け、今日と同じように明日もあり続けるというものです。

それまで自分がいるからこの会社は持ちこたえているのだと思っていた人が、病に倒《たお》れて休養を余儀《よぎ》なくされたとき、自分がいなくても会社は変わりなく維持《いじ》されているのを見る。大切な人を突然失ってその悲しみに暮《く》れている人が、ふと外を見るとその悲しみなどまったく関知《かんち》しないかのように世界は動いていることを知る——。

そんなとき、人はこう思うのです。自分に関わりなく世界は動いている——。自分に何が起きようと、たとえ自分が死んだとしても、これまでと同じように変わりなく世界は続いてゆくものなのだと。そして言いようのない孤独と無力さをそっと心の底に刻《きざ》んでしまいます。

しかし、本当にそうなのでしょうか。

生い立ちゆえに、「人は裏切る、世間は冷酷《れいこく》なものだ」と信じて疑わなかった人が、あるときを境に「人を信じたい、信じよう」という気持ちになる。また、「他人《ひと》のことには無関心、自分のことだけで私は十分」と思っていた人が、あるときからそうは思えなくなる。他人のことなのに心配になって放っておけなくなる。

あるいは、毎日決まった時間に家を出て、同じ道を通って寸分違《すんぶんたが》わず同じ時間同じ道順同じ電車で通勤し、すべて予定通り、計画通り行動する生活をよしとしていた人が、あるときから、その道端《みちばた》に花が咲いていたことに気づく。春になると新緑が芽吹《めぶ》くことを知る。そこには生命の営《いとな》みとともに時の移ろい、四季の変化があることが見えてくる。毎日違う道順で駅に向かうことが楽しくなる。一つ一つの家に様々な生活の色が見えてくる。そして、「自分がかつて接していた世界はモノクロだった、それがそのときからカラーになった」と言われる。

このような現実が確かにあるのです。

そのとき、その人たちにとって、世界は驚くべき変容を遂《と》げているはずです。それは認識が変わったのだと言う人もあるでしょう。確かに認識の変化でもあります。しかし、その言葉が持っている冷静な響《ひび》きでは決して見合わない、劇的な世界の変貌《へんぼう》がそこには伴《ともな》っているのです。つまり、昨日まであり続けた世界が一変《いっぺん》してしまうことが本当にあるということです。

ただそれは世界だけが変わるのではなく、私たち自身と世界が一つになった変容です。

人生の問題は、信ずべき「私と世界」への変容のためにある

あなたが今大きな問題を抱《かか》えているとしたら、どうしてもこの「私たちと世界が一つになった変容」のことを思っていただきたいのです。

人生は、様々な問題と試練に満ちているものです。その洗礼《せんれい》を受けない人はいないと言ってても過言ではないでしょう。そして問題に直面したとき、一人ではとても乗り越えることのできないような事態の前で、その解決を求めて人は葛藤《かっとう》し、途方《とほう》に暮れ、苦しみます。

しかし、道はあるのです。

本書は、人生相談の形で、そうした「人生の問題」に直面した方と一緒に、その道を尋《たず》ねようと試《こころ》みるものです。それぞれの相談・質問は、これまで私がお会いしてきた多くの方々から投げかけられたもの、そしてお手紙を通じて寄せられたものに基づいています。

もちろん、プライバシーを守るために幾《いく》つかの変更を加えさせていただいていることはご承知おきいただければと思います。

実際の相談のようにやり取りの中から道を見出《みいだ》すことは叶《かな》いませんでしたが、一問一答の中にも、相談者と読者の方々が自身の想いを確かめながら読み進めていただけるように、私からの問いかけを織《お》り交ぜさせていただきました。

本書の中での解答——道は、基本的に先に述べた一つの姿勢によって貫《つらぬ》かれています。それは、私たち自身が直面する問題・現実と一つになって変容を遂げることで、解決の道を開いてゆこうとすることです。

目の前に現れている問題と自分自身を切り離すことなく受けとめる。その問題は自分への呼びかけ。自分を変えてもこの問題を解決したいと願いを立てる。その責任・原因を自分に引き受け、事態の中心に立つ。そしてそこから、もう一度現実を見直してみる。刷新《さっしん》された世界、新しい現実の中で見えてくる道——。自分にできることは何かと問い、自分自身が変わることを通じて道をつけようとする……。

つまり、解決の道の核心《かくしん》は、実は、あなた自身の中にすでに宿《やど》っているということです。あなたが抱《いだ》いている問題だからこそ、その経緯《けいい》、関わりを含《ふく》めて、問題の必然を体現《たいげん》しているのもあなたならば、その問題を解く鍵《かぎ》を持っているのもあなたなのです。

私の経験からも、一緒に道を尋ねてゆくと、ある瞬間、その方が自ら悟《さと》られることがあります。「ああ、そうなんですね。やはり、私がこうすべきですね」と。本当の解決に導《みちび》かれるときの多くは、そのように、自ら、自身の内に道を見出してゆかれるのです。

それは私たちが、自分自身と世界が本当の意味で信頼すべきものであることを改めて発見することでもあります。本書が誘う変容とは、信じられる自分、信じられる世界への変容であるということです。

そして、そのように断言できるのは、私たち人間が、それだけの「力と可能性」を抱く存在であり、それだけの「世界と確かな絆《きずな》」を抱く存在だからなのです。私たち一人ひとりは誰《だれ》一人例外なく、宇宙そのものである大いなる存在との絆、そして限りない永遠の生命という絆に結ばれています。その魂である私たちが人生という時空《じくう》を経験しているのです。

信じて下さい。あなた自身もそのような中心を抱いた一人です。あなたが抱える「人生の問題」は、信ずべき「あなたと世界」への変容のためにあることを忘れないで下さい。

二〇〇四年四月八日

高橋佳子

1　学校に通うことに意味が感じられないのですが……

大学に入学したものの、勉強する意味が感じられず、毎日アルバイトに明け暮《く》れています。「いずれは作家になりたい」というかねてからの夢を思うと、こんなことを続けていていいのだろうかとも思います。この頃は、自分で一体何がしたいのかさえ分からなくなっています。どうしたらいいのでしょうか？

（二十歳男性・大学生）

あなたも「人生の目的」を探す旅人の一人

あなたが、こうしてふと立ち止まって、「このままでいいのだろうか」と自分の在《あ》り方に疑問を抱《いだ》いたこと――そのことを何よりも大切にしつつ、ご一緒にこの問題について考えたいと思います。

あなたがこのような疑問を抱いたのは初めてでしょうか？　もし、これまではあまりなかったとしたら、今、あなたは初めて自らの人生に対して、真剣に向き合おうとし始めている大切な時期にあるということだと思います。

私はこれまで、多くの若者と出会う機会がありましたが、自分の進路や将来などに関する迷いや疑問に直面しない方はいないと言っても過言ではありませんでした。

「進学すべきか、就職すべきか」「どんな職業がふさわしいのか」「仕事か、結婚か」……等々の人生の選択《せんたく》への迷い、疑問――。

あなたが、「このままでいいのだろうか」と思われたのも、何よりも人生を大切に思い、意義あるものにしたいと思っていらっしゃるからでしょう。そしてそれ以上に、「人生とはもっと確かな意味を持っているものだ。自分の人生には為《な》すべきことがあり、それを探したい」というお気持ちがあるのではないでしょうか。

それはあなただけではありません。人は誰《だれ》もが、心の底では人生の目的、あるいは自らの使命といった言葉に結ぶことができる〝何か〟を探し求めている旅人です。

けれども、そのような〝何か〟を簡単に見つけられるわけではないでしょう。大学での勉強に意味が見出《みいだ》せないのも、心の底で求めている自分の人生の目的と、目の前にある大学での勉強とのつながりが見出せないからではないでしょうか。

ただ、大学での勉強が、自分がめざしていることと直接的に結びつかなくても、それだけで無意味だと決めつけるのも早計《そうけい》です。長い人生の道のりから考えるならば、大学生活はその一里塚《いちりづか》。勉学において一つの専門を深めたり、また自由に使える時間の中で、関心や興味を耕《たがや》したり広げたりすることも、人生の目的、かけがえのない使命に至るプロセスであるというまなざしを忘れないでいただきたいのです。

重要なことは、すっきりとしないあなたの気持ちとその現実が呼びかけていることがあるということ。立ち止まった理由がどのようなものであっても、そのことを起点《きてん》として、新しい歩みがあなたの人生に呼びかけられていることは間違いないと思います。

あなたの本心・本当の願いとは何でしょうか

あなたの新しい歩みは、あなた自身の本当の願いを確かに摑《つか》むことから始まるのではないでしょうか。あなたは「一体何がしたいのか分からなくなっている」ということですが、「作家になりたい」というかねてからの夢に対しても本当の願いだったのか、自分でもはっきりしなくなっているのでしょう。

人間は実に不思議な存在だと思うのです。自分の願いでありながら、その願いをはっきりと摑むことは容易なことではありません。また、自分では願いだと思っていても、いつの間にか親の夢を自分の夢と勘違《かんちが》いしていたり、時代の風潮《ふうちょう》や流行から、一時的な憧《あこが》れを抱いたに過ぎなかったりします。貧しく不遇《ふぐう》な環境で育った父親から、いつも「裕福《ゆうふく》な生活ができるようになれ」と言われ続け、経営者になった方もいました。かつて戦前の軍国主義的な風潮の中では、多くの若者が国に命を捧《ささ》げることのできる立派《りっぱ》な軍人になりたいという夢を自然に抱いたこともそのことを物語るものでしょう。

また、本当の願いに気づく時期も様々で、ときには、人生の終盤《しゅうばん》に近づいて、やっと自分の願いに目覚める方もいます。

思えば、人は誰も「気がついたら自分の人生が始まっていた」というのが実感でしょう。物心がついたときには、すでに自分は自分になっていて、いつの間にかいろいろな価値観を持ち、好き嫌いも、善悪観も、世界観や人間観も身に着けてしまっているのが私たちです。その一つ一つが一体どこからどのように自分のものになったのか、あまりにも自然に自分になってしまったために、普通は疑問さえ抱けません。

あなたの「作家になりたい」という夢についても、いつ頃どのようにして夢と言えるものになったのか、一度見つめ直してみる必要があるのではないでしょうか。そして、その願いは、あなたの内側に確かな中心を持っているものなのか、それとも生まれ育ちの中で外界からの影響によっていつの間にかあなたのものとなったのか、見定《さだ》めていただきたいのです。夢を抱くきっかけとなった出来事を想い起こし、そのときの自分の想いを振り返ってみましょう。

もしそれが本当の願いなら、忘れようとしても忘れることはできず、むしろ時間が経《た》てば経つほど、ますます強くなり、迫ってくるものです。魂の願いとはそれほどに強いものであるからです。あなたの場合なら、何かを書かずにはいられないという現実がきっと現れているはずです。

思いつきや、他からの影響に過ぎない欲求《よっきゅう》なら、一時どれほど熱くなったとしても次第《しだい》に色褪《あ》せたものとなって、消え去ってゆくでしょう。

誰の魂にも必ず「このように生きたい」「このことを果たしたい」という願いが刻《きざ》まれ、魂の願いを持っていない人はいないのですが、それは、いつも容易に見出せるとは限らないということです。ですから探し続ける必要があるのです。

私はよく、「私にも願いがあるのでしょうか？」とか「私の人生にも使命があるのでしょうか？」といった質問を受けることがあります。その折には確信をもって、「それがあることを信じて辛抱《しんぼう》強く探して下さい」とお答えしています。

魂に刻まれた願いということから、その願いを私は「魂願《こんがん》」と呼んでいます。誰もが、その魂願に導《みちび》かれて人生を生き、果たすべき人生の仕事があって生まれてきています。それはあたかも種子の中に眠る可能性のようなものです。たとえ目には見えなくても、小さな種子の中に、やがて花開く可能性が眠っているように、その人だけにしか咲かすことができない花を開かせ、人生の実を結ぶ可能性がすべての魂には秘《ひ》められています。

今こそ、具体的な準備を始めるための一歩を踏み出しましょう

自分の内側を見つめた上で、「作家になりたい」という夢が本当に本心からの願いだと思えるなら、あなたはもっとその願いにアクセスできるのではないでしょうか。その願いの形を具体的、現実的に描いてみることも有意義でしょう。

例えば、あなたはどのような作家の方に憧れてきたのでしょうか。どのような作品に強く惹《ひ》かれ、感動を覚えますか。それはなぜなのでしょうか。あなた自身は、どのような作品を書きたいと思ってこられたのでしょうか。作家になりたいと思った動機はどのようなものなのでしょうか……等々、自分に問いかけながら自分の願いの輪郭《りんかく》を掴んでゆくことです。

そして、その輪郭がはっきりと確かなものとなってきたなら、アクションプログラム

（行動計画）を定め、準備、鍛錬《たんれん》を始める必要もあるかもしれません。

日々自らの創作に取り組みながら、様々な作品を徹底的に読んだり、文学に対する造詣《ぞうけい》を深めたり、自分の実力をあるがままに知るために、幾《いく》つかの懸賞《けんしょう》に応募《おうぼ》してみることなど、為《な》すべきことはたくさんあるはずです。

あなたが憧れを抱く作家がどのような道を辿《たど》ったのか、また他の作家でも、どのようにして作家への道を歩んだのかを研究してみることも、道を開くきっかけになることと思います。

本当にそれがあなたの魂願なら、あなたは幾度《いくど》試練に会おうとも、きっとその道を開いてゆくだけの努力をされることでしょう。たとえ書くための環境が整っていなくても、表現せずにはいられないし、準備も研究もしないではいられないでしょう。もし万一、何もしないで願いだけ確かと思い込んでいるとしたら、自分の実力を見誤《みあやま》り、幻想《げんそう》のうちに、「やがていつかなれる」という漠然《ばくぜん》とした期待だけで時を費《つい》やすことになってしまいます。

人によっては、具体的な歩みを進めながら自分の本当の願いに目覚めてゆくこともあります。また、願いだと思い定めて歩み始めたとしても、試練にぶつかって、あきらめなければならないこともあるかもしれません。人間が魂の願いを見出し、成就《じょうじゅ》するには一生かかると言っても過言ではありません。あなたは今その人生の大仕事への道を見極《きわ》めなければならない大切な時期にさしかかっているということだと思うのです。

2 なかなか試験に合格しないのですが、来年も受験を続けていいのでしょうか？

落ちこぼれだった私を励《はげ》まし続けてくれた中学時代の恩師《おんし》に憧《あこが》れ、教職《きょうしょく》を夢見るようになりました。しかしその願いとは裏腹に、三度目の教員採用試験にも失敗。「私は何をやってもダメ」と落ち込んでいます。友人が次々に合格する中、私一人だけが暗いトンネルの中をトボトボと歩いているような気分です。今はアルバイトをしながら受験勉強をしているのですが、このまま来年も受験を続けていいものか迷っています。

（二十五歳女性）

失敗の原因を摑《つか》むことから始めましょう

教職の志願《しがん》仲間が次々と合格してゆく中で、自分だけが取り残されてゆく……。あなたは今、立ちふさがっている現実の壁を前に、立ち往生《おうじょう》していると言えるかもしれません。三度挑戦して合格しなければ、不安になったり、孤独になったりするのも無理のないことでしょう。普通なら可能性はないと判断してあきらめてしまっても不思議はありません。このまま来年も受験を続けていいのだろうかと、迷いの気持ちが出てくることも当然です。むしろ、普通ならあきらめるケースであることを前提に、このことに真摯《しんし》に向かい合ってみることにしてはどうかと思うのです。

受験の現状は三度の不合格とのことですが、それはあなたが自分の限界まで努力した結果だったのでしょうか。それとも、そこまでは努力してはいないのでしょうか。これ以上できないというくらい努力してその結果であるなら、あきらめても後悔《こうかい》は残らないかもしれません。しかし、そうではないとしたら、悔《く》いが残るでしょう。全力を尽《つ》くすところまで挑戦してみることも、あなたにとって大切な選択《せんたく》であるように思います。

もちろん、だからと言って、ただ闇雲《やみくも》にこれまでと同じように勉強を続けても、合格という結果を期待することはできません。

恩師に憧れて教師になりたいという夢を抱いたことが、あなたにとって大切であるほど、これまでの三度の失敗について、よく振り返らなければならないと思います。その失敗が無駄《むだ》にならないように、失敗の「原因」をはっきりと摑むことから始めることではないでしょうか。失敗を繰《く》り返すには繰り返すだけの原因が必ずあり、その原因を摑んでそれを取り除かない限り、同じ失敗をまた繰り返すことになるからです。

受験の失敗という「結果」を生んだ「原因」を正しく把握《はあく》して取り除くために、自らの内なる想いと外なる現実の両面の点検が第一に必要だと思います。

想いの点検と変革——想い方の癖《くせ》を知り、「つぶやき」を転換することです

まず、内なる想いに目を向けてみましょう。受験に向かうに当たってのあなたの想いはどうでしたか。三度の受験に共通して繰り返してきた心の轍《わだち》や想い方の癖はなかったでしょうか。

「どうせ自分なんて……」「いくら頑張っても、合格するはずはない」「どうしたらいいんだろう」

そんな悲観的《ひかんてき》な心の「つぶやき」が心を支配し、思いっきり勉強に打ち込むというより、逡巡《しゅんじゅん》や不安に支配されて、いたずらに時間だけが過ぎていったということはなかったでしょうか。また、かつて落ちこぼれだったとおっしゃっていることからも、もっと以前から同じような「つぶやき」が心を占《し》めるという想い方の癖があったかもしれませんね。

それとも、逆に楽観的《らっかんてき》に「まだまだ時間がある」「何とかなるだろう」という猶予《ゆうよ》感覚の「つぶやき」を繰り返していることも考えられます。なかなか本気になれない、受験に対する切実感《せつじつかん》が持てず、勉強に集中できないといった傾向です。

いずれにしても、そうした「つぶやき」が受験に集中して向かうことを妨《さまた》げる心の轍であることは確かです。自分の中にどのような想い方の癖があるかをあるがままに見つめ、これらの「つぶやき」を転換することが、受験に向かう姿勢を変革してゆくきっかけとなるでしょう。

例えば、あなたが悲観的な「つぶやき」で心がいっぱいになったときには「やるだけやってみよう」と「つぶやき」を転換し、懸命《けんめい》に取り組もうとする心を喚起《かんき》し続けてみて下さい。

楽観的な「つぶやき」が心を占めて、切実感が希薄《きはく》になっているときには自分の願いに立ち還《かえ》る時間を持ち、一日一日が大切なその願いへの一里塚《いちりづか》であることを想起《そうき》するという新しいライフスタイル（「行《ぎょう》」の実践《じっせん》）によって切実感を取り戻すことができるでしょう。

（「行」の実践については二一九頁、ＢＯＸ11参照）

現状の点検――自分の現状をあるがままに把握しましょう

「想い」の点検と同時に、「現状」の点検もしてみましょう。

現状の点検としてはまず、試験についての現実的な把握、自分の実力をあるがままに知ることが考えられます。教員試験に詳《くわ》しい方に相談してもよいでしょうし、その方法はいろいろあるはずです。受験勉強の基本ですから言うまでもありませんが、自分の学力の長所と弱点については理解されていますか。何が得意科目で何が不得意な科目か、それぞれがどの程度の水準なのか、不足分を補《おぎな》うにはどれほどの学習が必要なのか、そしてその他鍛錬《たんれん》しなければならないことはないのか……等々。

現状が正しく把握できれば、一年の間にどのようなステップでその長所を伸ばし、弱点を克服《こくふく》してゆけばよいのかも見通せるでしょう。具体的なスケジュールも立てることができます。

また、この受験の期間、ぜひ勉強のことや気持ちの悩みなど、心を開いて相談できる方を見つけましょう。トボトボと一人でトンネルの中を歩いているような孤独を感じているということですが、それは本当でしょうか。自分が孤独だと思い込んでいても、実はあなたが求めるなら、応《こた》えて下さる友人や先輩がいらっしゃるのではないでしょうか。

目標に向かって歩む道のりには、プレッシャーはつきものです。そして、そのプレッシャーは最終的には当事者であるあなた以外には背負うことができないものです。ですから、孤独な時間も強《し》いられます。けれども、そのようなときだからこそ、何かあれば相談できる方がいるということは、精神的な安定という意味でも重要な支えになると思います。その方に依存し切ってしまうのも違いますが……。

受験勉強に取り組んでいる環境の点検、勉強の時間帯・時間数の点検、参考書や問題集の点検、スケジュールの点検……等々、次なる受験に向かうに際して改めて点検し、準備すべきことは他にもたくさんあると思います。その一つ一つについてこれまで本当に適切であったかどうか点検し、改善すべきは改善して、受験に向かうことではないでしょうか。

自己の成長という終わりなき挑戦に向かって

私が出会った青年の中に、あなた以上に幾度《いくど》も不合格を繰り返し、昨年やっと念願叶《ねんがんかな》って、教員試験に合格した女性がいました。

彼女は、三人兄弟の末娘として生まれ、ご両親や祖父母、兄たちからかわいがられて育ったという人生の背景がありました。教師になりたいという願いは抱《いだ》いていたのですが、大学を卒業した頃には、心がいわば「もやし」のような頼《たよ》りない状態で、「どうせ自分はできない」という卑屈《ひくつ》な気持ちと「やがて何とかなるだろう」という猶予感覚に呑《の》まれていた状態でした。

卑屈な気持ちと猶予感覚の心のダッチロールを起こしていた彼女に、あるときこう伝えたことがあります。「どんなことも一回は一回。この一回にどれだけ賭《か》けられるかが重要ですよ」と。彼女は、その言葉をきっかけに「今度こそ自分を変えたい」と一念発起《いちねんほっき》し、次回を最後の挑戦と心に定めて、新たな気持ちで試験勉強に取り組み始めたのです。

そして、これまで自分は試験合格という結果にこだわり過ぎていたということに気づき、テーマを「試験合格」から、国家試験を通しての「自己変革」へと定め直したのでした。それは彼女にとって、決定的な転換点となりました。まるで砂嵐《すなあらし》のように心を覆《おお》っていた不安や焦《あせ》りが消え、とても心は穏《おだ》やかになり、一つ一つ具体的に試験の準備を進めることができたと言います。

また、卑屈になりがちな自分の心を脱《だっ》してゆくためにと、鮮烈《せんれつ》な志《こころざし》を持って生きた先達《せんだつ》の歩みを記した著書（小著『明智の源流へ』）を朗読する時間を日課に組み込みました。それは、心を建て直し、彼女自身の原点となる志を喚起する取り組みでもありました。

さらには、その志を具体的に果たしてゆくために、各試験科目に即《そく》して、もう一度願いを確認し、想いの点検、現状の点検を行い、その想いと現実を変革してゆくということに誠実に取り組んでいったのです。それは願いを具現するためのメソッド（方法）として開発された「ウイズダム」（二二二頁、ＢＯＸ12参照）に取り組んでゆく道のりでした。その取り組みによって、心と現実を相対化したり整理することができて、事態を変革してゆくことができたのです。

同時に、「耳の痛いことを言ってくれる人こそ大切な同志」と、家族や先に合格した友人からも協力を得、受験環境も整えてゆきました。

そして、「やるだけやった。悔いはない」との気持ちで臨《のぞ》んだ試験では、ついに合格の報《ほう》を手にしました。

「不合格が続いた間、私は、『こんな自分、誰《だれ》にも必要とされていない』と思ってきました。しかし今は、『失敗の多い私だったけれど、でもこの自分にもできることがある』と思えるようになりました」と、彼女は語っています。そして、「こんな自分でも信じ、愛されることによって、願いを叶えることができたように、今度は私が子どもたちを信じ、愛する側に回り、生徒一人ひとりの可能性を信じて、子どもたちが本当の願いに生きることができる善《よ》い『縁《えん》』になりたい」と、新たな人生を歩み始めています。

あなたは受験生である前に、何よりも一人の人間です。一人の人間として、この試験という挑戦を通して、あなた自身はどのように成長してゆきたいと願われますか。また、これまで越えられなかったテーマをどのように乗り越えてゆきたいと思われますか。

自己の成長への挑戦は終わりなき挑戦です。試験に受かっても受からなくてもその挑戦は生涯《しょうがい》続きます。受験の向こうにも続くその終わりなき挑戦をも見据《みす》えた上で、試験までの限られた期間に、まずは、懸命に全力を尽くされることをお勧《すす》めしたいと思います。

3　婚約者とこのまま結婚してもいいのでしょうか？

三年間つき合った彼からのプロポーズを受け入れたのですが、結婚式の日取りが近づいてくるにつれて不安が大きくなっています。「本当にこの人と結婚していいのかしら……」という想いが消えないのです。彼のことは好きですし、彼も私のことを大切にしてくれています。でも、本当にこの人でいいのかどうか、自信が持てません。母や友達は、「結婚前は、誰《だれ》もがそんなふうに考えたりするものよ。あまり思い詰《つ》めないで」と言ってくれるのですが、自分でもどうしたらいいのか分からなくなってしまっています。

（二十七歳女性・会社員）

その不安がどこから生まれているのかを見つめてみましょう

女性にとっても、男性にとっても、生涯《しょうがい》の伴侶《はんりょ》を選ぶことは、人生において大きな選択《せんたく》です。あなたは今、これからの人生を一緒に築《きず》いてゆくパートナーを選ぶことを通じて、互いの人生に深く関わり、その人生を大きく左右しようとしている――。それぞれまったく異なる条件を背負って人生を歩んできた二人の魂が今、互いの違いを引き受けて新たな一つの現実を築いてゆくのです。それだけの大きな選択の前で不安になることは、決して珍《めずら》しいことではありません。むしろ不安を感じることの方が自然だと思います。

そしてだからこそ、今あなたが抱《いだ》いている不安や躊躇《ちゅうちょ》の想いも、結論を出し急ぐ前に大切に見つめてみる必要があると思います。

あなたの不安や躊躇は一体どこからやってくるものなのでしょう。彼の人柄《ひとがら》や性格への心配ですか。学歴、職業、年収、将来性に物足りなさを感じていらっしゃるのでしょうか。あるいは、彼の人生観や職業観、結婚観、家庭観などがどこかあなたとの溝《みぞ》を感じさせて違和感《いわかん》を覚えていらっしゃるのでしょうか。それとも、彼の両親や親族の方々になじめそうもなくて、「本当にこの人たちとうまくやってゆけるのかしら……」。とても自信がないと思っているのでしょうか。

何よりもまず、あなた自身が抱いた漠《ばく》とした不安や気になる躊躇が具体的にどのようなものであるのかを見つめることが大切です。そして次に、どこにその根があるのかを摑《つか》んでみましょう。頭の中で考えるだけではなく、紙の上に書き出すなどして、目で見て分かる形にして確かめてみてはいかがでしょうか。

その上で、それらはあなたのこれからの人生にとって、果たして決定的に重要なことなのか、それともそうではないのか、あなた自身の心に問いかけてみることだと思うのです。
その中で自《おの》ずと結論が出てくることもあるのではないでしょうか。

結婚はスタートであってゴールではありません

実のところ、あなたに一番ぴったりするのは、「この人は本当に運命の人なのか」という気持ちなのかもしれませんね。昔から運命の人とは見えない赤い糸で結ばれていると言われてきました。「この人が本当にその人なのか、約束の人なのか」とどうしても考えてしまう。「彼のことは好きなんだけど、もしこの人と結婚して、その後で本当の運命の人が現れたら……」という心許《こころもと》なさ――。

もしあなたがそんな不安を抱いていらっしゃるとしたら、私はまずこうお伝えしなければならないと思うのです。

――結婚はスタートであってゴールではありません。本当に運命の人かどうかは、二人がこれからの人生の中で証明してゆくことです――。

どんなに恵《めぐ》まれた条件での結婚であっても、それで未来のすべてが決まってしまうことはありません。結婚は絶対的な保証にはならないし、決定的な幸福を約束するものでもありません。これからすべてが始まるのです。そして、その未来は、これまでの彼との月日の中にすでに映《うつ》し出されているのではないでしょうか。

運命の人——それを決めるのは互いの人生を共有し合う信頼感

今、あなたは新しい人生の季節を歩み出そうとしているのです。確かなことは、これまで、それぞれの人生の道を歩んできた二人が一つの家族をつくり、結婚生活という共同の時間の中で一つの道を開いてゆくということです。

ですから二人に必要なのは、人生を共有し合う感覚、そのための信頼感——。そして、その覚悟《かくご》があるかどうかということではないでしょうか。それは、当り前のことのように思えるかもしれませんが、実際は多くの場合において必ずしも確かめられていないことのように思えます。

結婚生活を営《いとな》むためには、互いに惹《ひ》かれているという想いだけでは十分とは言えません。人間としての信頼感や互いを尊重《そんちょう》する気持ちがどうしても必要なのです。

なぜなら人生には試練がつきものだからです。よいときばかりではない、その忍従《にんじゅう》の時を一緒に耐《た》える気持ちを持てるかどうか。互いにその信頼が感じられるならば、新たな運命を二人でつくり出してゆくことができるのではないでしょうか。

夫婦の間でも、いつも完全な理解ができるわけではないでしょう。よく知っているつもりでも、その人のすべてを把握《はあく》することなど誰にもできないことです。良いところと足りないところ、人生観や職業観、結婚観、家庭観といったことだけではなく、互いのこれまでの人生の足跡《そくせき》、喜びと悲しみ、後悔《こうかい》と願い……。一人ひとりの存在には簡単には計《はか》り知れない深層が孕《はら》まれているものです。そのことを大切に受けとめることができるでしょうか。そして、相手の様々な側面もよく知った上でなお人生を共に歩んでゆきたいと思えるかどうか、そのことに心が深くうなずいているかどうかを確かめていただきたいと思うのです。

それは、今の充実だけでなく、結婚して夫婦となり、子どもが生まれて家族をつくり、そして一緒に生活して年齢を重ねてゆく……。そんな未来の姿を希望や喜びをもって具体的にイメージできるかどうかということでもあるのです。

約束の証《あかし》は二人によってなされます

ほかの誰でもない、あなた自身の大切な人生です。だからこそ、あなたの素直な気持ち、あるがままの気持ちを確かめるところから始めていただきたいと思います。

最後に、今、結婚という人生の選択を前にして不安や躊躇を抱《かか》え、思い悩んでいるあなたに、私は、この言葉を贈らせていただきたいと思います。

＊

「二人の契《ちぎ》りが魂の約束かどうか、それは
外から、誰かによって証されるのではありません。
証は二人によってなされます。
苦しいときも、つらいときも
いつどんな時にも
二人で共に歩いてゆくこと。
二人で共に背負ってゆくこと。
二人で共に支え合ってゆくこと。
二人で共に生きてゆくこと。
それが、その約束の、何よりの証ではないでしょうか」
（小著『祈りのみち』の「婚儀のときの祈り」より）

【BOX1●問題の受けとめ方Ⅰ】試練は呼びかけ

日々私たちは、様々な問題と直面しながら生きています。「試練」と言えるような大きな問題でも、ささやかな問題でも、事態に直面したとき、私たちがぜひとも大切にしたい生き方、それが「試練は呼びかけ」と受けとめる姿勢です。「試練は呼びかけ」とは、どんな試練にも、人生を導《みちび》く大切な意味が孕《はら》まれているというまなざしのことです。

本書では、私がこれまで出会った様々な方の人生を紹介させていただいていますが、どなたも必ず、その問題や試練に出会ったことがきっかけとなって、より深く、より豊かな人生を創造しています。

聴覚障害という試練に出会ったある方は、「私は障害という試練に出会ったからこそ、同じような境遇《きょうぐう》の方を励《はげ》まして差し上げることができる」と語って下さいました。また、幸せの絶頂時、ひき逃げ事件でご主人を失ったご婦人は、「試練は呼びかけ。この事件は私に何を呼びかけているのだろう」と自問し続けることによって人生の転換へと導かれてゆき、傷つき痛んだ心に癒《いや》しがもたらされていったのです。

では、具体的に、試練を通して私たちは何を呼びかけられるのでしょうか。それには例えば、次のようなことがあります。

「超えるべきテーマがあること」「結び直すべき関わりがあること」「癒されるべき痛みがあること」「さらに水準を上げること」「もっと智慧《ちえ》を尽《つ》くすこと」「心の成長を果たすこと」「人生の仕事に目覚めること」……。

このように人生の中で遭遇《そうぐう》する困難、失敗、挫折《ざせつ》、逆境《ぎゃっきょう》、絶望といった試練は、ただ避《さ》けるべき苦痛や苦悩であることにとどまっていません。思いも寄らなかった新しい自分が、内から引き出され、新しい世界が開かれてゆくきっかけにすることができるのです。

【BOX2●問題の受けとめ方Ⅱ】親の魂

「試練は、私たちに新生《しんせい》を促《うなが》す呼びかけである」――その試練が、具体的に私たちに何を呼びかけているのかは、人により、状況によって、様々な側面があります。そうした呼びかけの中でも、とりわけ、子を持つ親御《おやご》さんや、会社でも管理職の立場に立つ人、また、経営、教育、医療などの現場で、多くの人の「育《はぐく》み」や「お世話」のはたらきを担《にな》われる皆さんにとって、大切に受けとめていただきたい呼びかけ、それが「親の魂となる」ということです。

他人《ひと》の痛みや歓びが、わがことのように切実に感じられ、他人に尽《つ》くさずにはいられないと心から願い、生きようとする人――そのような人のことを、私は、「親の魂」と呼んでいます。そして「親の魂」には、次のような四つのはたらきがあると考えます。

まず第一は、「異質《いしつ》を愛する」ということです。どんな人生もかけがえがなく、同じ人生は一つとしてありません。それぞれの個性の違いを理解し、受けとめて、それぞれの可能性を見《み》出《いだ》し、引き出して育てる「縁《えん》」となることができる、ということです。

第二は、「野心のない目的を持つ」ということです。自分の利益や名声を得ることのみを求める「野心」を動機とした目的は、人間不信がその根にあり、必ず絆《きずな》を断絶し、不調和な現実をもたらします。そうではなく、人間を信じ、全体とのつながりを信じ、自分を捨てても全体を生かそうとする透明で誠実な目的を抱《いだ》いているということです。そのような無私《むし》を生きる純粋な志《こころざし》に人は打たれ、その共感を基とした場をつくることができるのです。

第三は、「道なき地点に立つ」ということです。全体を生かそうとする志を抱くということは、当然のことながら、様々な壁にぶつかることにもなります。しかしそのようなときにこそ、「私は、今、未踏《みとう》の荒野の前に立っている。道なき地点に立っている」という自覚をしっかりと認識し、ここから新しい道を切り開いてゆくという気概《きがい》と志、ヴィジョンを持つということです。

そして第四は、「高次《こうじ》の自我を持ち、より広い責任に応《こた》える」ということです。「自分と全体がつながっている」という実感があるために、どんな事態に対しても一切責任転嫁《てんか》をせずに、自らの責任として引き受けて、「私が変わります」を生き続け、全体の責任に応えることができるということです。

このように、「この人生は自ら一人のためにあるのではなく、共に生きる家族や隣人《りんじん》、社会に生きる人のためにある」という生き方を、実は誰《だれ》もが心の奥底では求めているのではないでしょうか。そう生きるとき、初めて私たちは、この世界に生まれてきた本当の所以《ゆえん》、人生の意味を自らの内に発見し、同時に、世界の調和に貢献《こうけん》することができるからです。

4 今の生活を捨てても、長年の夢に挑戦すべきかどうか迷っています

電子機器メーカーに勤務して十六年になるのですが、私には、幼い頃から、学校の教師になることへの憧《あこが》れがありました。この数年、息子の勉強を見てやるようになり、また、最近の子どもたちの様子を聞く中で、教育への想いはやはりあきらめられないと感じるようになりました。できれば独立し、学習塾を開業《かいぎょう》する夢に賭《か》けてみたいのですが、今の安定した生活は捨てなければならず、迷っています。

（三十八歳男性・会社員）

「生きること」と「求めること」が同時の人生を人は歩みます

安定した生活を手放した上に、学習塾を開業して、もしうまくいかなかったらどうしよう……。今、あなたが迷っていらっしゃるのは、ただそのような生活上の問題だけではないと思います。あなたはきっと、学習塾を開業するということが、自分が本当にやるべき仕事なのかどうか、その確信を得たいという気持ちもあるのではないでしょうか。

人生の半《なか》ばで転職に迷う方の多くが、同じように生活の不安のことだけでなく、一体何

が、生涯《しょうがい》を賭けるべき本当の仕事なのかということに悩んでいるというのが現状でしょう。それは、自分の使命は何かという問題でもあります。

人間は、誰《だれ》もが、その人にしか果たすことのできないかけがえのない使命をその魂の内に抱《いだ》いています。そして、その使命は「人生の仕事」と言うべきものと結びついています。つまり、誰にも使命につながる、その生涯を賭けるにふさわしい「人生の仕事」があるということです。

しかし、その人生の仕事や使命は、外から誰かによって「これだ」と示されるわけではありません。人生の歩みを重ね、様々な出会いや出来事を経験する中で手探《てさぐ》りしながら自分で目覚めてゆくしかないものです。

ここでは詳《くわ》しく触れることはできませんが、永遠の生命である魂は、誕生の門をくぐってこの世に生まれるとき、過去の転生《てんしょう》の一切の記憶を忘却《ぼうきゃく》して生まれてきます。自分が誰であり、この人生にはどんな意味があり、人生をどう生きればよいのか――。そうしたすべての智慧《ちえ》を忘却して、何も知らない赤子として一から人生を始めなければなりません。

そのために、「生きること」と「求めること」が同時の人生を人は歩む。生きることと自らの使命を探し求めることが同時進行にならざるを得ないのです。つまり、誰にとっても、使命を見出すことはたやすいことではないということです。

あなたの魂の内にも、大切な使命が秘《ひ》められています。今、それが疼《うず》きとなって、あなたを「人生の仕事」に誘《いざな》おうとしているのではないでしょうか。

「人生の仕事」とは、「魂のはたらき」のことであり、「職業」のことではありません

私の「人生の仕事」とは何なのか。学習塾を開業することが、「人生の仕事」なのかどうか——。それがあなたにとって隠れたテーマでしょう。そのことを考えるときに、大切にしていただきたいまなざし——。それは、「人生の仕事」とは決して特定の職業という形に限定されるものではないということです。

例えば、「癒《いや》し」を願いとして魂に刻《きざ》んで生まれてきた人は、人生を歩む中で「癒す」という「はたらき」に心が惹《ひ》かれてゆきます。「癒す」職業と言えば、社会では、医師、看護師、理学療法士といった職業と多くの人は考えるでしょう。しかし、ときには建築家やインテリアデザイナーであっても「癒しの空間をつくる」という形で人々に癒しをもたらすこともできます。芸術家として、作品を通して人の心を癒すこともできるでしょう。

つまり、「人生の仕事」とは「職業」ではなく、「魂のはたらき」であると考えるべきな

のではないでしょうか。

あなたの場合も、あなたが果たしたいと願っている「はたらき」とは何なのかを見つめてゆく必要があるのではないでしょうか。そして、その「はたらき」を果たすために、学習塾の経営という「職業」が、今、最もふさわしい条件なのかどうかも丹念《たんねん》に点検する必要があると思うのです。

もし、あなたの魂の内に刻まれている願いが「人を育《はぐく》む」ということであるとすれば、必ずしも塾の教師という職業でなくてもその願いは果たせます。会社の新人研修を担当しても人を育む「はたらき」は果たすことができるかもしれません。自分が預《あず》かった部下たちを育んでゆくという形もあるかもしれません。自分自身が果たしたいと願っている「はたらき」について、じっくりと考えてみてはいかがでしょうか。何よりも、魂の内に刻まれている願いの中心を自分自身で確かめてゆくことが大切なのです。

「人生の仕事」を確かめる三つの問い

自らの願いを確かめて現実の形にしてゆこうとするとき、自分の内界と外界をつないで、具現《ぐげん》してゆくためのメソッド（方法）として「ウイズダム」という取り組みがあります（二二二頁、BOX12参照）。その取り組みの原点と核心《かくしん》は、自分が願う現実（「光転《こうてん》の果報《かほう》」と呼んでいます）を本当に見定《さだ》めるということにあります。あなたが、あなたの「人生の仕事」を見出すためにここで三つの問いを通じて願うべき現実の形を掴《つか》む方法をお伝えしたいと思います。

まず、第一の問いは、「私は何を果たしたいのか、何を願っているのか」という問いです。

今、あなたが抱《かか》えている様々なしがらみや、これまでの歩みの経緯《けいい》を一度、一切横に置いて、とらわれやこだわりのない自由な心で、「建前《たてまえ》」でも「本音《ほんね》」でもない率直《そっちょく》な「本心」を問い、その願いを書き出し、意識化してみて下さい。

人間の心は、本来、極《きわ》めて広大で自由なものです。無限に広がる大宇宙のことをも想うことができます。しかし、私たちはいつの間にか、未来をこれまでの人生のいきさつやしがらみの延長線上にしか想い描くことができなくなってしまっています。まずここでは、そうした過去に縛《しば》られることのない、自由な心の声に耳を傾《かたむ》ける時間を持つことが重要なのです。

次に第二の問いです。第一の問いで意識化された願いについて、さらにこう問いかけてみましょう。「では、なぜ、それは他の人ではなく私でなければならないのか」と。今までの人生で、あなたが深めてきた問題意識や蓄《たくわ》えてきた知識、育んできた能力や人縁《じんえん》など、第一の問いで意識化された願いとのつながりの必然性に注目してゆくのです。

そして、第三の問いは「世界の側は今何を望んでいるのか」という問いです。あなたの場合なら、今、世界はどのような人が育まれることを求めているのかということでしょう。対象となる子どもたち、あるいは若者たち、若い世代が望んでいることであり、親御《おやご》さんたち、親の世代の方たちは何を望んでいて、社会はどのような人々が育成されることを望んでいるのかということです。

第一、第二の問いは、あなたに関するものであるのに対して、第三の問いは世界に関するものです。それを問いかけていただきたいのは、あなたの本当の願い、「人生の仕事」は、あなたが生きている時代や社会、そしてあなたが抱いている様々な関わりと切り離すことができないものだからです。あなたがこの時代に、日本という国に生まれてきたことには、必ず意味があります。あなたの「人生の仕事」はこの時、この場だからできることとつながっている——。そのことを考えてみて下さい。

ぜひ、これらの問いに応《こた》えながら、心の声と世界からの呼びかけに耳を澄《す》ましてみる時間をつくってみて下さい。その取り組みを通じて、心の中に確信されてくるものがきっとあることと思います。そこに、「人生の仕事」に向かってあなたが踏み出すべき次の一歩が指し示されるはずです。

生活の次元からの点検も

さて、あなたも感じていらっしゃる通り、あなたの年齢で、サラリーマン生活に終止符《しゅうしふ》を打ち、新たに学習塾を開業することは、当然、様々なリスクを負うことになります。ですから独立を決断するに当たっては、内面の点検の次には、現実的にも緻密《ちみつ》な現状分析に基づく中長期的な事業計画が必要になってきます。開業にこぎ着ければあとは何とかなるだろうといった安直《あんちょく》な発想では、必ずほどなく頓挫《とんざ》します。

また、それ以前に塾の土台となる指導方法についてはいかがでしょう。教育を志して塾を経営する多くの方が現実にすでに存在し、その指導について日々工夫と改善を重ねています。あなたは、その準備を整えておられますか。開業には、それだけの研究と確かな方針が必要です。

あなたが向き合っている「人生の問題」においては、自らの内側の想いと外界の現実的な条件のどちらか一方だけしか見ないのではなく、その両方を見つめ、互いをつないでゆくことが大切なのです。特に転職といった人生の大きな選択《せんたく》に際しては、動機の尊さに自己満足することなく、綿密《めんみつ》な計画を立てて、その可能性と制約を詳細《しょうさい》にわたって列挙《れっきょ》し、制約面は具体的にどうクリアしてゆくのか、詰《つ》めてゆかなければならないと思います。調査すべきこともたくさんあるでしょう。助言も、様々な方からいただく必要があります。経済的な目処《めど》も、専門家に相談して立てておかなければなりません。家族ともよく話し合い、ヴィジョンを共有し、協力を仰《あお》ぐべきことは了解《りょうかい》を得ておかなければならないでしょう。そうした一つ一つを丹念《たんねん》に検討し、計画を詰めてゆくことは、家族を背負う責任者としての愛情であり、誠実さなのではないでしょうか。

そのように、かなり慎重《しんちょう》に計画を練《ね》ったとしても、現実には、予測を超えた突発的な事態が起こったりするものです。まして、大雑把《おおざっぱ》な計画では、多くの人生を暗転《あんてん》へと巻き込むことにもなりかねません。

こうして具体的な点も詰め、未来のヴィジョンを描く道行きで、逆にそれが自分の本当の願いであるかどうかを確かめることができるのです。そしてそのように「生きること」と「求めること」が同時の人生の中で、内界への問いと外界への問いを一つに結んでゆくことによって、あなたの「人生の仕事」はより確かな輪郭《りんかく》をもって姿を現すのです。

あなたが自らの「人生の仕事」に目覚め、あなたにしかできないそのはたらきを果たしてゆかれますよう、心より願っています。

5 毎日同じことを繰《く》り返す主婦の自分に、意味が見出《みいだ》せないのですが……

結婚に幸せを求め、退職して五年。子どもが幼稚園に通い始め、ようやく自分の時間らしきものも持てるようになってきました。でも最近は、夫や子どもを送り出してからの時間、何だかボーっとしてしまいます。夫に対してはとりたてて不満もなく、こういう状態を他人は「幸せ」と見るのかもしれませんが、以前働いていた頃と比べても、毎日が意味あるものとは思えないのです。「こんな毎日を続けていて一体何になるのか」と、思ってしまいます。

（三十三歳女性・主婦）

消えてゆくような主婦の時間に不充足感《ふじゅうそく》を覚えるのはあなただけではありません

ささやかな幸せに満ちていたとしても、とりたてて誰《だれ》かが誉《ほ》めてくれるわけでも、認めてくれるわけでもない。毎日が消えてゆくような時間の中でいつの間にか年齢を重ねてゆく自分が、ふと惨《みじ》めで寂《さび》しくなる。かと言って、今さら何かを始める自信もゆとりもない。テレビや雑誌からは社会で華々《はなばな》しく活躍《かつやく》している同世代の女性の姿も飛び込んでくる。「私には家族があるから」と自分に言い聞かせようとしても、一体私の人生は何だったのかと満たされない想いが募《つの》る――。

こうした気持ちは、あなただけではなく、多くの主婦の方の実感ではないでしょうか。ましてや、自己実現を果たそうと社会で懸命《けんめい》に仕事に打ち込んできた体験がある方の場合はなおさらです。いつも同じことの繰り返しで、ただ消えてゆくだけに見える主婦の時間は無駄《むだ》にしか思えないのでしょう。

あなたの場合も、かつて働いていらっしゃった頃に比べ、進歩がない日々に「充実感」が持てないこと、その延長線上に未来が開けないように感じておられることが相まってのご質問なのですね。ならば、まず今あなたが感じているその「虚《むな》しさ」をこそ手がかりにしていただきたいと思います。

なぜなら、今の自分に意味が見出せない苛立《いらだ》ちとは、あなたの中に眠っていた新しいあなたからの「呼びかけ」かもしれないからです。

今、あなたは自分探しの旅に、改めて旅立つ時を迎えているのではないでしょうか

あなたが今、感じている不充足感――。それは、人生の途上に立ち現れた壁であったとしても、あなたの人生の結論ではありません。まず第一にそのことは、確かめていただきたいと思います。

その上でこれまでの人生を振り返ってみましょう。あなたが心を傾《かたむ》け、全力でエネルギーを注《そそ》いできたもの、充実感を得てきたこととは何だったのでしょう？　もし今、あなたがかつて充実感を得てきたことに再び取り組んだとしたら、今のあなたは本当に満足できるのでしょうか。果たして今、あなたが本当に求めていることとは何なのでしょうか。その何かを未だ見出せない心。それがあなたの今の虚しさなのではないでしょうか。

かけがえのない人生を歩みながら、その人生を本当の意味で愛することができないとしたら、それは確かに虚しいことです。「自分は何のために生まれてきたのか」「本当の自分とは何なのか」を深く追求することも発見することもなく人生を終えるなら、どれほど残念なことでしょうか。

あなたはようやく自分の時間を持てるようになってこられたわけですね。ですから、その中で、自分が自分として輝《かがや》いて生きる道を探すことができるし、そのために時間を使うこともできるということでしょう。友人や知人と楽しく時間を過ごすこともできるし、自分の関心を深めてゆくこともできる――。自分探しの旅に改めて出発しようとしているのが、今のあなたであると言えるかもしれません。

心していただきたいのは、本当のあなた自身を探す旅はずっと続いてゆくということです。無気力の中に埋没《まいぼつ》して自分を知る努力をあきらめることも、グルメや趣味にと、ただ何となない刺激を求め、幻想《げんそう》の充実感に満足して本当の自分と出会うことなく終わることも、同じように心の牢獄《ろうごく》に閉じ込められていることには変わりはありません。いずれにしても「自分が自分になれない苦しみ」を味わうことになるからです。

あなたはかけがえのないオンリーワンの存在で、この世界にあなたに成り替《か》われる存在は誰もいません。あなたは自ら、その真実に応《こた》え、生きる意味を証《あか》すことができるのです。そのことは、決して忘れないでいただきたいのです。「本当の自分はどこにあるのか」「なぜ、なぜ、なぜ……」と問うことを、決して忘れないで下さい。

すでにあなたは新しい始まりに身を置いているのです。それは、人生の意味、日々の出会いの意味を反芻《はんすう》し、その意味を問う始まりです。無意識のうちにも、その呼びかけを受けとめようとするときです。自分の内面に下りてゆく歩みとは、そのようにして始まるものです。その歩みの中で、日頃は気にも留めず、無関心に通り過ぎてきたことが、消えてゆく時間のように見えて意味がないとしか思えなかったことが、どんなに大切であったかが見えてきたり、逆に日頃こだわっていたことが取るに足らないことに思えてきたりするのです。そして、そこから、新しい自分、新しい人生が動き出すのです。

主婦の「はたらき」も創造的な営《いとな》みに深く関わっていることを忘れないで下さい

そして最後に、あなたがどうしても不充足感を持たざるを得ない主婦としての「はたらき」について、少しだけお伝えしたいことがあります。あなたがおっしゃる通り、家庭の主婦が毎日の時間を注いでいる家事の多くは、来る日も来る日も同じことを繰り返さなければならないことです。また、繰り返して初めて家庭生活が安定して支えられるという事実もあるでしょう。

私は、この繰り返しがもたらす安定に、実は大きな意味があると感じています。それは人間の創造的な営みに深く関わっていると思うからです。人間の成長は実は、家庭の安定の中で大きく促進《そくしん》されることが知られています。例えば、学力の伸長《しんちょう》も家庭環境の安定が大きな要因になっていることが、人間の能力研究の成果として確認されています。いつも家に帰るとお母さんが待っていてくれる。だんらんがあって、そこに自分の居場所《いばしょ》が確かにある……。目標に向かって十分に努力できるのも、そんな土台があるからです。そこから、人間の本当の創造的な能力が引き出されてくるのです。

そのはたらきは、目立たないかもしれませんが、大地のように家族を支えているものです。家族が互いの存在を想い、その絆《きずな》を確かにする土台であるということでしょう。ですから、家事は家事のためだけにあるのではなく、その時間を通じて、家族が一つに結びつき、家族一人ひとりの人間としての力と可能性を引き出すために存在していることを、あなたにも分かっていただきたいのです。

あなたが人生の新しい一歩を踏み出し、人間としてさらに豊かな包容力《ほうようりょく》を蓄《たくわ》えられることを祈っています。

6　何の不自由もないのですが、いつも物足りない感じがつきまといます

私は、小さいときから両親に大切に育てられ、家も代々続く老舗《しにせ》で地域の皆さんからの信頼も厚く、人から「あなたほど幸せな人はいない」と言われるような恵《めぐ》まれた環境で育ちました。大学を卒業し、跡取《あとと》りとして家業を引き継《つ》ぎ、将来への見通しもついていますが、最近何か変なのです。何か満たされない感じと言ったらいいのでしょうか、心の中には空虚感《くうきょかん》、物足りなさがいつもつきまとっています。ふと、これで私の人生はいいのかと考え込んでしまうのですが……。

（三十八歳男性・会社経営）

「心の疼《うず》き」は誰《だれ》の内にもある大切なものです

あなたは幼い頃から、ご両親や周囲の人々に愛され、期待をかけられてきた方なのですね。人から認められることも自然で、ほとんど気づくこともない安心感、安堵感《あんどかん》にいつも支えられてきた方と言えるかもしれません。そしてその安心感ゆえに他の人以上に頑張《がんば》ることができたということも、これまでの人生の中であったことでしょう。

でも、そのあなたが心に疑問を抱《いだ》くようになっている——。一見すれば、何の悩みもないように感じられる恵まれた環境の中に生きてきたあなたなのに、なぜ、心の中から沸々《ふつふつ》と疑問が湧《わ》き上がってくるのでしょうか。

「本当に私の人生はこのままでいいのだろうか」「何か大切なものを置き忘れてきたのではないか」「一体私は、何のために生まれてきたんだ」「私の本当の願いとは、何なんだろう」……。

そんな問いを抱くのは、実はあなただけではありません。誰に教えられたわけでもないのに、人生の中で一度ならず、人ははっきりと形には結べない「心の疼き」を覚え、そうした疑問を抱くのです。

全国を巡《めぐ》る講演の機会に「そのような『心の疼き』を覚え、疑問を抱いたことはありませんか?」とお聞きすると、ほとんどの方が手を挙げて「抱いたことがある」と応《こた》えて下さいました。年齢、男女、地域、職業にかかわらず、また、海外の方においてもまったく同様です。そのような現実に接するたびに、私はそれこそ「人間の人間たる所以《ゆえん》」に関わる大切なものであることを思わずにはいられませんでした。

なぜなら、「心の疼き」、そしてそれらの疑問は、一人ひとりにとって、かけがえのない意味を持っているからです。

満たされない想いは新しい生き方を求める本心からの促《うなが》しかもしれません

多くの人は、経済的に恵まれ、社会的にも認められる生活を当然のことのように求めています。しかし、それらが満たされたからと言って、本当の充実《じゅうじつ》を手にすることができるとは限りません。実際、裕福《ゆうふく》で社会的な地位を確立した人の中にも、あなたと同じように心に虚しさを抱《かか》えている人は少なくないと思います。

それは、私たち人間という存在がただ単に物質的な充足《じゅうそく》や社会的な評価を求めるだけの存在ではないことを教えているのでしょう。物質以上のもの、他人や社会の評価を超えるもの、自分自身だけが心の底で知っている人生の意味や人生の仕事、人生全体が持っている目的を、本当は誰でも心の底では求めているのです。

あなたが、今、「心の疼き」を覚え始めていることは、まさにそのことを告げているのではないでしょうか。満たされているはずの心の底に、疼きがある。それは、あなた自身が新しい生き方を求めている「しるし」ではないでしょうか。心の疼きは、その生き方を促す「本心」の声かもしれないと思うのです。

自分自身の本心――。その心のありかをあなたは実感できるでしょうか。日々忙《いそが》しく時を送っていると、改めて自分自身の心を見つめることなど思いもかけないことです。生活のリズムは決まっていて、今何をすべきかは考えなくても分かっているつもりです。しかし、「今、私の心は何を訴《うった》えているのか。何に気づけと言っているのだろうか」とあなたの心の奥底から届けられている声なき声に、耳を傾《かたむ》けていただきたいのです。あなたが本当に願っていること、本心の声とゆっくり対話する時が必要だと思うからです。

本心からの願いを生きることこそ、人間にとっての本当の幸せなのです

あなたと同じように、両親からも愛され、恵まれた人生でありながら、満たされない想いを抱えていたある経営者の方を私は知っています。その方は、いつも周囲から期待されてきた人生だったのですが、一方で、「周囲の期待通りに生きなければならない」という圧迫感が心に重くのしかかり、その自分を自分でどうすることもできませんでした。

しかし、自分の心を縛《しば》っているものを見つめる中で、「他人《ひと》からどう見られているのか」と他人のまなざしばかりを気にして、「自分が何をしたいのか」という本心を見失って生きてきてしまったことを発見されました。それからその方の人生は大きく転換しました。

嫌《いや》で嫌で仕方がなかった会社経営は、確かに苦しいことや試練は多々あるのですが、その試練の中に飛び込み、従業員の皆さんと心を一つにして幾《いく》つかの危機を乗り越える中で、そのような深い絆《きずな》で結ばれた経営の現場を創造することが、自分のもともとの願いだったと気づかれたのです。本心からの願いを生きることこそ、人間にとっての本当の幸せであることを、今では心底実感されています。

今こそ、愛される側から愛する側への転換に挑《いど》むときなのではないでしょうか

あなた自身が心の底で求めている新しい生き方——。今こそ、あなたにぜひその生き方を探していただきたいと思います。

しかしそれは、今の生活からかけ離れたところにあるというわけではないでしょう。むしろ、その手がかりは、これまでのあなたの人生そのものの中に示されているように思えるのです。

あなたはこれまで恵まれた人生を歩み、十分に愛されてきた方です。ご両親をはじめとして多くの方に認められてもきた——。あなたが恵まれた人生であったということは、それだけ多くの人に愛され、気がつかないところでも支えられてきた人生であったということ

とでしょう。あなたのことをいつも案じていた方たちがあったということです。あなたがつまずきそうになれば、さっと手を差し伸べて下さったご両親が、あるいは恩師《おんし》や友人やたくさんの方々があなたの周りにいたからこそ、今のあなたがあるのではないでしょうか。

つまり、あなたはこれまでの人生で、常に愛され、与えられ、支えられる側にあったということでしょう。ということは、新しい生き方は、同じ側に立ち続けることではないはずです。同じ側に立ち続けていては、あなたの疼きはそのままになってしまうのではないでしょうか。

あなたに促されていることの一つは、愛され与えられ支えられるばかりだったあなたからの脱皮《だっぴ》――。つまり、あなたが愛されたように誰かを愛し、あなたが与えられたように誰かに与え、あなたが支えられたように誰かを支えること。その時が来ているということなのではないでしょうか。今度は、あなたが、愛する側、与える側、支える側に立つことなのではないかと思うのです。

まして、今あなたは家業を継がれ、すでに多くの方々の上に立っていらっしゃいます。皆さんを守り、支える側に身を置いているのです。それはあなたの人生が呼びかける大きな必然であり、必要な転換だと感じます。

人はただ偶然に生まれてきたのではありません。誰もがその人にしか果たすことのできないかけがえのない人生の目的と使命を抱いているのです。その手がかりは、その人の人生そのものの中にあります。厳《きび》しい日々を送らざるを得なかった人はその厳しさの中に、恵まれてきた人はその恵みの中に必ずあります。心の疼きを感じ始めたあなたにも、そういう人生の開けが必ず訪れると私は確信しています。あなたの本心は、その場所にあなたを誘《いざな》おうとしているのです。

愛する側、与える側に立つ準備を始めましょう

そして、新しい生き方を始めるに当たって、あなたが恵まれた状況にあるということは、それだけ、今為《な》すべきこと、準備すべきことがあり、その時間と余裕を与えられたということではないでしょうか。

愛する側に立つために、与える側に立つために、そして支える側に立つために、今のうちに習得《しゅうとく》しておくべき技術はないでしょうか。耕《たがや》しておきたい人間関係、整えておくべき会社のシステムはないでしょうか。あるいは、変化の激しい時代の中で、十年後を見据《みす》え

た会社のヴィジョン、そのために必要な人材とはどういう人たちなのでしょうか……。思いつくことが一つや二つは必ずあるものです。それがはっきりしたら早速《さっそく》、着手してゆきましょう。会社のリーダーとして、ウイズダムに取り組むことは、きっとその大切な手がかりを与えてくれるはずです（二二二頁、BOX12参照）。

なかなか思いつかないとしたら、現状をよく見つめることから始めてみるのはどうでしょう。例えば、従業員の皆さんの声を聴く、お客様の声に耳を傾けるといったことから始めてもいいかもしれません。これほど頑張ったことはないと思えるほど、ときにはがむしゃらになることも必要ではないでしょうか。そのような歩みが、必ずあなたの本心を思い出してゆく大切なステップになるはずです。

もしあなたが、試練に向かい合っても、心はなぜか前向きで、充実している、そんな実感を手にしたら、そのとき、もうあなたは、あなたの人生の主導権《しゅどうけん》を取り戻し、本心を思い出し始めているのです。

7 ストレス解消のために飲み始めたお酒ですが、やめることができません

中間管理職としての責任を背負うようになり、職場の人間関係などのストレスでむしゃくしゃして、つい居酒屋に立ち寄るようになったのですが、いつの間にか習慣になってしまいました。ときには記憶がなくなるほど酩酊《めいてい》して帰るために、このままでは身体を壊《こわ》し、アルコール依存症《いぞんしょう》になると妻からも小言を言われるのですが、意志が弱くてなかなかやめることができません。今では家に帰っても居場所《いばしょ》がない状態です。

（五十二歳男性・会社員）

一すじの希望は、「この自分を何とかしたい」という気持ちが芽生《めば》え始めていること

職場での人間関係が思わしくなく、むしゃくしゃして、ついお酒が飲みたくなった……。最初は何気なく立ち寄った居酒屋だったのに、何度も何度も足を運ぶうちに、だんだんそれが日課のようになってしまった。やがてお酒の量も増えてゆき、妻から注意されたり、小言を言われたりすると、やり場のない気持ちをますますお酒に向けずにはいられなくなる……。ストレスから飲み始めたお酒がやめられなくなり、あなたにとって最初は安らぎ

の場所だった家庭までもが、ストレスをさらに増幅《ぞうふく》する場所になってしまっているという悪循環《あくじゅんかん》の中にいらっしゃるということでしょう。

悪循環の中にはまってしまった場合、多くは焦《あせ》って、もがけばもがくほど、深みにはまっていってしまうものです。

それでも、一すじの希望があるのは、今、あなたの心の中に、「この自分を何とかしたい」という気持ちが芽生え始めていることです。「今のままではいけない。自分を建て直したい」、そのような意志があなたの中に立ち上ってきたからこそ、こうして質問を寄せて下さったのだと思います。そしてその想いこそ、今あなたが拠《よ》り所とすべき土台であり、あなたの本心なのではないでしょうか。今はかすかにしか感じられないかもしれませんが、そこにあなたを支える揺《ゆ》るぎない大地、立脚点《りっきゃくてん》があることを信じ、あなたの再生の歩みの起点《きてん》としていただきたいと思うのです。

ストレスは「呼びかけ」。あなたには今、気づかなければならないことがあります

お酒を飲み始めたきっかけまで遡《さかのぼ》って考えてみたいと思います。

飲酒の習慣は、職場での人間関係などのストレスがきっかけとなって始まったわけですが、「ストレス」とは一般的には、例えばボールに圧力がかかると歪《ゆが》みが生じるように、人間関係や仕事の忙しさや不安などによって、心が外界からの圧力を感じている状態のことを言います。私たちの意志とは無関係に環境は常に変化し続けているわけですから、その意味では、人は誰《だれ》でも大なり小なり、ストレスを受け続けて生きることになります。実際、サラリーマンを対象にしたある意識調査によると、三十代後半、または係長、主任クラスの約六〇%が「仕事でストレスや疲れを感じたことがある」と回答したそうです。

またその一方で、ストレスは、生活に張りや快《こころよ》い緊張感を与えるという側面があるとも言われており、ストレスがなければよいというものでもないのです。ですからストレスがない状態をいたずらに求めるのではなく、大切なのは、過度《かど》なストレスを抱《かか》えたら、まずはそのストレスから逃げずに向かい合い、耳を澄《す》ましてその「呼びかけ」を聴いてゆくことだと思います。

例えば、身体のどこかに不調があれば、「痛み」という形で身体は警報《けいほう》を発し、治療を施《ほどこ》さなければならない部位《ぶい》があることを私たちに訴《うった》えてきます。その場合、私たちは病院に行って症状を伝え、原因となっている部位を見極《きわ》めた上で、適切な治療を施すことになります。ただ痛みだけを和《やわ》らげようとして、痛み止めという処置を施すだけでは、一時的な痛みの鎮静《ちんせい》にしかならず、根本的な治療にはならないでしょう。

あなたの場合も同じだと思います。心が、「耐《た》え切れないストレス」という形で警報を発しているときに、アルコールを飲むことは一時の気晴らしにはなっても、問題が根本的に解決されるわけではないことは、あなたがよく分かっておられることと思います。ストレスは「呼びかけ」――。「ストレス」という形であなたの心が呼びかけていることに、あなたが真正面から向き合わなければならない時が来ているということではないでしょうか。

ぜひとも心を澄まして、その声に耳を傾《かたむ》けていただきたいと思います。あなたご自身も、このままではいけないと思っていらっしゃるはずです。

きっと、その問題は厄介《やっかい》で、解決の方途《ほうと》がなかなか見出《みいだ》せないのでしょう。しかしこれまで、解決は難《むずか》しいとあきらめたり、先延《さきの》ばしにしてこられたとすれば、まだ真剣に正面から向き合ってはいないということでもあると思います。

等身大《とうしんだい》に職場の現実を見つめること、あなた自身がどう変わることができるかを中心にして、めざすべき未来を具体的に描いてみること……。解決に向けて一歩踏み出してみるなら、道が開かれる可能性はあると言えます。挑戦してみなければ、結果は分かりません。

新しい習慣をつくることへ

このように原因となった問題に取り組むと同時に、酩酊《めいてい》して記憶がなくなることもあるということですから、思い切って、信頼のおける専門医に相談してみることも必要だと思います。

お酒に逃げずにはいられない精神的なストレスの原因を見つめ、取り除くことができても、身体にも習慣ができてしまっています。頭ではよくないと分かっていても、簡単にはやめられないのは、習慣力というものが馬鹿にならない力を持っているからです。単純に意志が弱いからとは言えません。そこから自由になるためには、新しい習慣をつくることが必要です。飲酒の習慣が毎日飲酒を繰《く》り返すことによってつくられていったように、逆に、お酒を飲まない生活を少しずつ習慣にしてゆく努力をすることです。最初は多少苦しいかもしれません。しかし、必ず越えられることを信じて下さい。お酒に呑《の》まれる毎日は、一時的な快楽をもたらしたとしても、結局は不自由をつくり出していることを忘れず、乗り越えた先に待っている安心と自由への気持ちを幾度《いくど》も引き出しながら、新しい習慣がつくられるまで、あきらめないで自らを励《はげ》まし続けていただきたいと思うのです。

そして、一人でも、この問題を乗り越えてゆくことはできるかもしれませんが、もし、一緒に乗り越えてゆく協力者がいれば、なお一層心強いことでしょう。奥様をはじめ、ご家族に、あなたから心を開いて協力をお願いしてみてはいかがでしょうか。奥様が小言をおっしゃるのは、あなたを大切に思っておられるからにほかなりません。「この状態から何とかして脱《ぬ》け出したい」というあなたの決意が本心からのものであるなら、きっと喜んで支えて下さると思うのです。

何よりも、あなたの人生の時間は、あなたにしかできない人生の仕事を果たすために与えられた大切な時間です。その人生の仕事を果たしてゆくためにも、お酒に呑まれている苦しい状況から自由になり、ご家族との絆《きずな》も取り戻すことができるよう、願っています。

8 かつて人を傷つけてしまったことが忘れられず、罪悪感に苛《さいな》まれています

もう二十数年も前のことになりますが、学生時代、私と友人と私の妻の三人は大の仲良しで、いつも一緒に食事をしたり、夜を徹《てっ》して人生を語り合うようなサークル仲間でした。けれども私は、その友人を裏切るような形で妻と交際を始め、結婚することになりました。友人は一言も告げずに私たちの前から姿を消し、その後音信不通《おんしんふつう》になってしまいました。つい最近、人づてに、まだ独《ひと》り身らしいと聞きました。それからというもの、友人のことが気になって仕方がありません。自分が友人を傷つけ、その人生を狂わせてしまったのかもしれないと思うと、罪の意識に苛まれ、胸が締《し》めつけられて苦しいのです。（四十九歳男性・会社員）

つらい思い出に向かい合おうとし始めたこと自体が新たな「時」の始まり

あなたはきっと心優《やさ》しい方なのですね。偶然のようにして知らされた友人の近況《きんきょう》。その様子を知ってから後悔《こうかい》と心痛《しんつう》が消えずに続いている。一人の友人の人生を狂わせてしまったかもしれない。謝《あやま》ることも、償《つぐな》うこともできない罪ではないかと思い悩まれている。

「その時はそうするしかなかった。仕方がなかった」と、いくら思い込ませようとしても、後から後から自責《じせき》の念が湧《わ》いてきて、そんな自分を自分でもどうすることもできない……。あなたはこの二十数年の間、そんな痛みを心の片隅《かたすみ》にずっと抱《かか》えてこられたのでしょう。忘れたように振《ふ》る舞《ま》っていても、心にはどうすることもできない「しこり」が疼《うず》いていたに違いありません。

人生に重くのしかかる罪の意識――。今あなたは、心の中で触《ふ》れることもためらわれたその出来事に正面から向き合おうとされています。そのつらい思い出を受けとめようとし始めています。そのこと自体が、あなたにとって大切な「時」、新たな「時」の始まりなのではないでしょうか。そのことを、まず心に置いていただきたいのです。

「忍土《にんど》」に生きる自覚を持ってその時を待ちましょう

私たちが生きている世界は、思うにままならないものです。一人が勝者になれば、誰《だれ》かが敗者になる。一人が富《とみ》を得て幸せを手にすれば、誰かが財産を失い途方《とほう》に暮《く》れる。意志を持って行動してもその通りに事《こと》が運ぶとは限らない。自分の意志とは関わりなどないかのように事が起こり、思いもかけない現実になってゆく。たとえ良かれと思っても、誰かを傷つけることもある。自分の与《あずか》り知らぬところで、他人《ひと》の人生を横切り、人生の軌道《きどう》を狂わせてしまう――。

二千五百年前に釈尊《ブッダ》が看破《かんぱ》した通り、この世界の実相《じっそう》は、自ら傷つき、そして他人を傷つけずには生きることができない誰もが耐《た》え忍《しの》ばなければならない場所、まさに「忍土」ではないでしょうか（一〇一頁、ＢＯＸ３参照）。それはまた、この世界に生まれてきた私たち人間が皆、内に罪を抱えているということでもあるのです。

人は誰も忍土に生きている――。そして忍土に生きるためには、その自覚を持つことがどうしても必要だと私は思います。その自覚を持つことによって、私たちは自らに、そして人々や世界への本当の優しさを湛《たた》えることができるのです。

あなたは、今すぐにでも友人に出会って謝罪《しゃざい》したいというお気持ちに駆《か》られているかもしれません。友人もまたその再会を心のどこかで願っていらっしゃるかもしれません。けれどもその一方で、まだ友人がその過去を思い出すことすら望まないという状況も考えられるでしょう。直接の謝罪と再結《さいけつ》（絆の結び直し）には時が満ちていないということもあります。

ですから、まずあなたに必要なのは、その「時」を待つということではないでしょうか。

もし、あなたと友人の双方を知っている信頼のおける方に「縁《えん》」になっていただけるなら、それが最善の道となるでしょう。その知人の方が、それとなく友人のお気持ちを確かめることが可能なら、「その時」は思いのほか近い将来に訪れることになるかもしれません。

痛みを噛《か》みしめ、祈る——それも再生への歩みです

しかし、それ以上にお伝えしたいことがあります。

これまでの人生において、あなたは友人との出来事を、どんなことがあってもじっと心の隅《すみ》に置きながら、人生の時間を過ごしてこられました。そして今改めてそのことの痛みを噛みしめていらっしゃいます。

そして、あなたは、その痛みを噛みしめながら、友人の人生の道行きを案じ、友人の魂の安寧《あんねい》を祈ってもいらっしゃる。そのような時間は本当に大切な時間ではないでしょうか。もちろん、過去に残してしまった傷を埋《う》め合わせることはできないかもしれません。その償いにもならないかもしれません。しかし、その時間があなた自身の、あなたが罪として刻印《こくいん》した思い出からの再生の歩みのように、私には感じられるのです。

仏典の中に、このような物語が記されています。

自らの師に欺《あざむ》かれ、悟りへの近道と信じて多くの人を手にかけてしまったアングリマーラという青年のお話です。この青年は釈尊と出会って、我に返り、その罪に気づくことになります。取り返しのつかない罪の意識を抱えた青年に、釈尊は出家して仏道を究《きわ》める新たな人生を促《うなが》します。その促しに従って沙門《しゃもん》として生き始めるアングリマーラですが、彼を見る世間の目は厳《きび》しいものでした。アングリマーラが托鉢《たくはつ》に出かけると、必ず、過去の経緯《けいい》を知る村人たちから怒号《どごう》が飛び、石をぶつけられて血だらけになって帰ってきたのです。それを釈尊はこう言って受けとめました。

「アングリマーラよ。つらいだろう。しかし、その痛みに耐えるがよい。お前が犯した罪の報《むく》いを今お前は身に受け、そうしてお前は、過去の過《あやま》ちの償いをしているのだから」

青年はその釈尊の言葉に、深く癒《いや》され、祈りとともに托鉢を続けたというのです。

これは、あなたとは比べるべくもない重大な罪を犯した青年の物語ですが、その痛みを受けとめることが償いであると諭《さと》された釈尊の言葉が心に響《ひび》きます。

あなたが友人を裏切ったと思っていることに対し、自分の罪深さを心に刻《きざ》み続けるように歩んできたということは、まさにその償いの日々を歩んできたということ。それは、罪からの再生の歩み以外の何ものでもありません。あなたはきっと、この日々の中で光闇極《きわ》まる人間への郷愁、共感の想いを一層、確かにしてこられたはずです。

そして、できるならば、その中で知った、痛みを抱《いだ》いた方々への思いやりをこれからあなたが出会ってゆく多くの方々に向けていただければと願います。人は、自ら負《お》っている痛みが深ければ深いほど、悲しみや傷を負った人の心を敏感に受けとめることができるものです。忍土ゆえに傷つき、疲れた人を支え、光を与え続ける心を保ち続けていただきたいのです。それは、あなたが後悔と共に刻んだ日々から受け取った大切な贈り物であると私には思えます。

9 主人が交通事故で亡くなりました。加害者のことがどうしても許せません

結婚して三年、酒気帯《しゅきお》び運転をしていたトラックに追突《ついとつ》され、主人は即死《そくし》状態で亡くなりました。何の罪もない夫が、見ず知らずの人間にどうして殺されなければならないのかと理《り》不尽《ふじん》でなりません。加害者のことが憎くてたまらず、どうしても許せません。ときには衝動《しょうどう》的《てき》に相手を殺したいとすら思い、そんな自分が恐ろしくなります。また、残された私と幼い子どもだけで、これからどう生きていったらいいのか分かりません。（三十三歳女性・主婦）

あなたが一番大切にしたいものは何でしょうか

朝には元気で出かけていったご主人が、突然の事故で帰らぬ人となる……。ご主人を失ってしまったあなたの悲しみ、苦しみはどれほどのものだったでしょう。まして、その原因が酒気帯び運転の車に追突されてということであれば、相手の方を恨《うら》んでしまうのも無理のないことだと思います。

そして、あなたが常軌《じょうき》を逸《いっ》してしまうほどに憎しみに囚《とら》われるということは、それだけ

深くご主人のことを愛して、また頼《たよ》りにしておられたということでもあるでしょう。

ご主人と共に過ごした幸せな日々……。ご主人の優しさ、温かさ、一家だんらんの楽しさ、心通い合う会話、二人で描いていた将来の夢……その幸せが大きければ大きいほど、それらが失われてしまった痛手《いたで》は深く、もう二度とその幸せが訪れることはないと思うと悲しく、つらく、奪《うば》った相手をどうしても許せない。しかも、まだ幼いお子さんを抱《かか》えて、明日からの生活を何とかしなければならないという、現実の生活面での不安も抱えておられるわけです。

憎しみがそのような喪失《そうしつ》の衝撃《しょうげき》からあなたを守ってくれることもあるでしょう。相手を憎むことで、絶望の淵《ふち》に沈《しず》んでしまうのをとどめてくれるからです。しかし、それがいつまでも続くわけではありません。また、憎しみに囚われている限り、決してその悲しみが癒《いや》されることはありません。かえって苦しみは一層深くなるばかりではないでしょうか。

そのような苦しみ、悲しみの極《きわ》みに置かれたとき、私たちが思い出すべきこと、立ち還《かえ》るべき場所はどこにあるのでしょうか。まず、あなたが一番「大切にしたいこと」「守りたいもの」とは何なのか、自らの心の内深く問いかけていただきたいのです。

お子さんとの絆《きずな》でしょうか。今は亡きご主人との思い出でしょうか。ご家族のだんらん、あるいは、ご家族一人ひとりの未来でしょうか。

そして、そのあなたにとって最も大切なものを大切にしたいと願うその想いから、もう一度相手の方に対する憎しみの気持ちを見つめ直すとき、どのように感じられるでしょうか。もし、感情のままに、衝動的に相手の方を傷つけるような行動に走った場合、あなたが一番大切にしたいと思うそのことを本当に大切にできるでしょうか。

そして何よりも、あなたに、忘れ難《がた》いほどの素晴らしい思い出を残して亡くなったご主人は、そのことを喜ばれるでしょうか。

きっとあなたは、ご自身でその答えを導《みちび》き出されることでしょう。

やがて癒されるその日が来ることを信じて下さい

今耐《た》え切れないほどの苦しみの中にあっても、やがて癒されるその日が必ず来ることを信じていただきたいのです。

かつて味わったことのないような深い悲しみの淵に沈んだとき、人は永遠にこの悲しみの淵から這《は》い上がれないように思います。長く暗い夜がいつまでも続くかに思えるのです。

しかし、たとえ、どんなに深い絶望の淵からも、人は蘇《よみがえ》る力を抱《いだ》いています。朝の来ない夜はなく、やがて必ず再び明るい光が差し込む夜明けが巡《めぐ》って来ます。

そして、さらに、今は殺したいほどの憎しみに囚われていても、その苦しみから解き放たれることをあなたが望むなら、やがてその方を許すことのできる日を迎えることができるでしょう。それほどの深い愛があなたの心の内には湛《たた》えられていることを信じて下さい。

耐え難い悲しみに自分を保てなくなりそうになったとき、できれば小著『祈りのみち』の「逆境・障害のなかにあるとき」を読んでみていただきたいのです。きっと道を見出《みいだ》すことができると思います。また、「憎しみ、恨みにとらわれるとき」も苦しみを解き放つ手がかりになると思います。

私が出会ったあるご婦人も、まさにあなたと同じような人生の痛みを体験された方でした。四歳と二歳のお子さんを抱えて、これからマイホームを建てようとご主人と楽しく語り合った翌日、いつものように会社に出かけたご主人は、ある会社のトラックによるひき逃げ事件に遭《あ》い、帰らぬ人となりました。幸せの絶頂から突然、奈落《ならく》の底に突き落とされたようなショックに見舞《みま》われたと言われます。その後見つかった犯人のことを思うと一時は半狂乱《はんきょうらん》になり、睡眠薬を常用《じょうよう》しなければ眠れない状況が続き、二カ月で十キロも痩《や》せてしまったほどでした。しばらくして社員研修のインストラクターというはたらきに就《つ》き、何とか生計を立てることはできるようになりましたが、ストレスから来る心身症《しんしんしょう》に罹《かか》るなど、人生からの圧迫は容赦《ようしゃ》なく迫ってきたのです。

そのような絶望的な状況の中にあって、このご婦人を支え、再生へと導いたのは、「試練は呼びかけ」（二八頁、BOX1参照）という生き方でした。この深い痛みをもたらした事件は無意味なものではなく、その中にも大切な呼びかけが響《ひび》いている――。そのように受けとめることによって、大きな転換を果たすことができました。考えたこともなかったけれど、「呼びかけ」という受けとめ方を大切にしていったとき、それまで見えなかったものが見えるようになってゆかれたのです。

この方の場合、何よりも大きかったのは、不幸のどん底と思っていた自分の人生を根底で支える大いなる存在を感ずる感覚が蘇ってきたことでした。さらに、その感覚が深まりゆくにつれて、仕事の上でも道が開いてゆきました。

そしてあるとき、思いがけない運命的な出来事が起こるのです。何とかつてご主人を事故死させたトラックの会社の社員研修を担当するという役割が巡ってきたのです。もちろん、社内では誰《だれ》もそのような過去の経緯《けいい》は知りません。その話が決まったとき、最初は困《こん》惑《わく》し、悩まれたそうです。しかし、この出来事は何を自分に呼びかけているのだろうと立ち止まり、こう思い直されたそうです。「あれほど恨み、敵討《かたきう》ちの相手とさえ思っていた会社の社員研修というはたらきが与えられたということは、計《はか》り知れない力がはたらいて、絆を結び直すことが私に呼びかけられているのかもしれない」と。そして、その女性は、その研修を引き受け、はたらきをまっとうした上で、相手の会社の責任者と心を開いた話し合いの時を持ち、憎しみを越えて関わりを結び直す機会とされたのです。

これは実際に起こった出来事です。「神様は、その人が背負うことができないほどの試練は決してお与えにはならない」――それは、多くの方々との出会いを重ねるほどに私の中で深まりゆく実感ですが、まさにこのときもその感慨《かんがい》を抱かずにはいられませんでした。

あなたの内にも、降りかかった試練を引き受けて歩むことができる力が湛えられていることをぜひ信じていただきたい。そして、どんなときも、あなたが本当に大切にしたいと思うものを大切にできるよう、人生を歩んでいっていただきたいと思うのです。

10 障害を抱《かか》えて、どのように生きたらいいのでしょうか？

私は生まれて間もなく、病をきっかけに聴覚障害《ちょうかくしょうがい》となり、両耳が聞こえません。聾学校《ろうがっこう》に通い、手話で何とか人とコミュニケーションも取れるようになったのですが、なぜこんな運命を背負わなければならないのかと思うと、時々やり切れない想いになり、何事も手につかず、周りに当たり散らしてしまうことがあります。

（二十九歳男性・自営）

人は運命に支配されるだけの存在ではありません

あなたが、聴覚障害という運命を背負って今日まで生きてこられる間には、人知れぬ様々な苦難《くなん》があったことと思います。その肉体的障害は精神的痛みや社会的痛みをもたらしたことでしょう。その痛みに耐《た》えかねて、思わず自らの運命を呪《のろ》ったとしても、誰《だれ》も責めることはできません。

自分の力ではどうにもならない人生の定《さだ》めを、人は「運命」、そして「宿命《しゅくめい》」とも呼びます。あなたにとって「両耳が聞こえない」ことは、まさに変えることのできない運命と感じられることでしょう。

確かに、あなたが背負われた聴覚の障害は、変えることのできない身体的条件と言えます。しかし、あなたにまずお伝えしたいのは、人は運命に支配されるだけの存在ではないということです。

どのような条件を背負おうとも、それをどう受けとめ、どう生きるかは、一人ひとりの自由意志に委《ゆだ》ねられています。そしてそこに私たちが何よりも大切にしなければならない、人間の尊厳《そんげん》があると思うのです。

「こうだったからこそ、こうなれた人生」への道があります

あなたと同じように、幼い頃から聴覚障害を背負って歩んでこられた、現在五十歳のある男性は、かつては「聴覚障害でさえなければ……」と、自らの運命を呪うような想いで生きてこられたと言います。ところが、自らの人生の成り立ちを振り返り、自分がどのような運命の中にあったのかを見つめてゆく中で「耳が不自由だから人生が不自由になったのではなく、『自分は不自由だ』と思う心自体が、不自由だったのだ」と気づかれました。

それればかりではありません。さらに、自分の中にはただ単に卑下《ひげ》する想いや被害者意識

があっただけではなく、「自分は耳が不自由なのだから、いろいろな人の世話を受けて当然。そうでないのはおかしい」といった逆差別《ぎゃくさべつ》の想いもあったことを発見され、そうした想い自体が自分の心を苦しめ、不自由にしていたことのからくりに目覚めてゆかれたのです。その方はそうした自分再発見の歩みを通して、「心の呪縛《じゅばく》」から解放されてゆきました。

そして、今は聴覚障害を背負ったからこそ、同じ痛みを抱《かか》えた方々に対して、自分の体験を語り、励《はげ》ますことを喜びとして人生を歩まれています。

与えられた運命をどのように受けとめて生きることができるのか――。私はそこに魂の成長に応じて、三つの段階があると考えています。まず第一段階は、運命に支配されて「こうだったから、こうなってしまった人生」を送る段階。第二段階は、運命を跳《は》ね返して生きる「こうだったのに、こうなれた人生」の段階。そして三段階目は、運命を引き受け、その運命だからこそ示すことのできる生き方「こうだったからこそ、こうなれた人生」の段階です（詳《くわ》しくは、小著『人生で一番知りたかったこと』三六頁参照）。

この方も、自らの運命を超えて、この三段階目の「こうだったからこそ、こうなれた人生」を歩み始めていらっしゃるのです。

どんな条件を与えられても、人は「真の自由」を生きることができる

もちろん、自らに降りかかった理不尽《りふじん》とも思える運命を受納《じゅのう》することは、容易なことではありません。また、他者が受納を安易《あんい》に強要《きょうよう》することもあってはならないことだと思います。しかし、人間の魂の内には、真珠貝《しんじゅがい》が身の内に異物を長い間抱《いだ》き続けて、やがて輝《かがや》きを放つ美しい真珠をつくり出すように、自らに抱えた痛みを光に変えてゆくことのできる強い力が宿されていることは信じていただきたいのです。

人生を見つめるなら、一人の内にも無数の条件が抱かれていることが分かります。生まれた時代や場所や両親、皮膚の色、容姿《ようし》、能力の有無……自分に与えられた無数とも言えるその条件のすべてを、容易に受けとめられる人は稀《まれ》でしょう。傍《はた》からは恵《めぐ》まれた条件としか思えなくても、本人にとっては、どうしてもその条件が受けとめ難《がた》く、苦しむことも少なくはありません。逆に、他人からは、理不尽としか思えない条件を背負いながらも、その運命を従容《しょうよう》と受けとめて、見事にその人にしか咲かすことのできない可能性の花を開いてゆく方もあります。本当に「不自由」なのであり、その心が不自由と受けとめてしまう自分の心が不自由」なのであり、その心の呪縛を解かない限り、どのように恵まれた条件であっても自由は得られないということではないでしょうか。

そして、忘れてはならないことは、たとえ身体がどれほど不自由でも、また五感を閉ざされ、肉体を牢獄《ろうごく》に縛《しば》られていたとしても、心は自在であり宇宙を駆《か》け巡《めぐ》ることもできるということです。受発色《じゅはっしき》の力（出来事や事態を感じ・受けとめ「受」、思い考え、行為して「発」、その結果としての現実「色」を生み出す力のこと。一五九頁、BOX7参照）を鍛《きた》えてゆくなら、人間だけに与えられた権能《けんのう》である自由意志を、魂の願いの具現《ぐげん》のために駆使《くし》することができるようになります。

偉人《いじん》と言われた先人たちの多くは、厳《きび》しい運命を背負いながら、その運命を背負ったからこそ咲かすことのできた花を開かせて生きた人々と言えるでしょう。

例えば、ハンセン病と誤診《ごしん》されたために絶望の淵《ふち》に突き落とされるような厳しい運命に見舞《みま》われた井深八重《いぶかやえ》さん（一八九七～一九八九）は、その半生をハンセン病患者の方々のために捧《ささ》げ、社会に希望の光を灯《とも》して生きました（詳しくは、小著『新しい力』一八二頁参照）。

どんなに不自由な条件を与えられても、誰もが「真の自由」を生きることができる――。そのことを本当に得心《とくしん》したとき、人は初めて、運命を変える力を手にすることができるのです。

11 なぜか不幸が続くのですが、「それは祟《たた》りのせい」とある方から言われてショックを受けています

祖父や従兄弟《いとこ》をはじめ、私の家系には自殺をしたり、変死を遂《と》げる人が多くいます。両親も昔から喧嘩《けんか》が絶えず、父の女性関係に悩んだ母は、自殺未遂《みすい》をきっかけに寝たきりになり、父を恨《うら》んだまま亡くなりました。母の愚痴《ぐち》を小さいときから聞かされて育った私も、病弱で、特に五十歳を過ぎてから大病を二度患《わずら》いました。なぜこれほど不幸を背負わなければならないのかと、先日、行者《ぎょうじゃ》の方に相談すると、「それは先祖の祟りのせい」と言われました。子どもの代までこの災《わざわ》いが及ぶのかと思うと、ショックで、夜も眠れません。

（六十三歳女性・主婦）

平常心《へいじょうしん》を保ち、心を常に大いなる存在の側に保てば、祟りを受けることはありません

あなたのこれまでの人生は、つらく悲しい理不尽《りふじん》と思えるようなことばかりが続きましたね。生き地獄と言ってもおかしくない厳《きび》しさに耐《た》えてこられたこと、本当に大変だったと思います。

なぜ私だけが、これほどの不幸を背負わなければならないのか――。

何も悪いことはしていないのに、なぜここまで人生を歪《ゆが》められ、苦しめられなければいけないのか――。

納得できる答えを探し求めて、行者さんのところまで出向いた結果が、「先祖の祟り」――。一族が皆、祟りの呪縛《じゅばく》から自由になれないとするならば、もう「神も仏もあるものか！」と、天を仰《あお》ぎ、あなたは訴《うった》えずにはいられなかったのではないでしょうか。お母様の死も、呪《のろ》われた非業《ひごう》の死のように、あなたの心には映《うつ》っているのでしょう。そしていつかは自分も……と、悲観的《ひかんてき》な想いに心が捕らえられているかもしれません。

確かにもしそれが事実ならば、そう思われるのも仕方のないことかもしれません。しかし、あなたの家族や一族に起こった不幸がすべて祟りによるものであるなどということは決してあり得ないことです。まず、この点だけは、確固《かっこ》たるお気持ちで受けとめていただきたいと思うのです。

一つ一つの出来事や現実は、それぞれに道すじがあり、条件や理由があって生じたことです。そこには多くの人たちの人間性や心のあり方も大きく関わっていたはずです。それを祟りという一つの原因に帰《き》してしまうのは、あまりにも強引《ごういん》で単純過ぎる考え方だと言わなければなりません。あなた自身も、すべてが祟りによるものだという、その見解《けんかい》に納得できないものがあったから、こうして質問をされているのでしょう。

確かに現象《げんしょう》としては、祟りなどの霊的な障害を考えざるを得ない場合もあります。けれども、その場合でも、それが現実に現れるかどうかは、常に私たち自身の側の問題なのです。

私たち自身が平常心を保ち、心が常に調和され、大いなる存在の側にあれば、そのような力の影響を受けることは決してないからです。端的《たんてき》に言うならば、いわゆる霊的な障害は外的要因だけによって起こるものではなく、私たち自身の混乱や恐怖心によってもたらされるものだということです。ぜひ、そのことを心に念じて下さい。

あなた自身の中には、宿命《しゅくめい》を引き受けてもなお輝《かがや》く力があることを信じて下さい

人が生きること――。当たり前に思えることでも、それが容易なことではないことをすでにあなたは痛感《つうかん》されているでしょう。一人で背負うには重過ぎる人生の条件を与えられたその人が直面する困難がどれほどのものなのか、それは筆舌《ひつぜつ》に尽《つ》くし難《がた》いものです。

しかし、今あなたにとって必要なのは、たとえどのような人生の条件――宿命を引き受けたとしても、人生を輝かせる力があなた自身の中にあることを信じることです。そしてそのために、まずあなたが引き受けた宿命、あなたがそのような家系の中に生まれた意味を尋《たず》ねることではないかと思うのです。

今、あなたが背負っている人生に対する重苦しい閉塞感《へいそくかん》、その不自由さはあなた一人のものではありません。あなたのお母様も、ご先祖の方々も同じように感じていたものでしょう。お母様をはじめとするご先祖の魂が、人生かけてその痛みを背負い続け、そこからどうしたら救われるのかと、生前も、そしてあの世に旅立った今も切々《せつせつ》と訴《うった》え続け、答えを求め続けていることに、何よりも想いを馳《は》せていただきたいのです。

あなたにとって一番近しい存在だったお母様との出会いを思い出して下さい。確かにあなたがおっしゃるように、その人生は、ただ苦労するために生まれてきたとしか言いようがないつらく切ない人生だったかもしれません。でも、そんなつらい人生の中でもあなたが生まれてきてくれたことによって、どれほどお母様は心が癒《いや》されたでしょうか。あなたの無垢《むく》な笑顔を見るたびに、絶望に呑《の》み込まれそうな人生の重荷をもう一度引き受けてゆこう、乗り越えてゆこうと何度励《はげ》まされたことでしょう。

幼い日のお母様との思い出の数々。そこにはたとえささやかではあっても、小さな幸せに満たされた瞬間瞬間があったはずです。そのときのお母様の優《やさ》しい笑顔、あなたに注《そそ》がれた愛情を深い感謝とともに受けとめて差し上げましょう。そして人間の中にはそんな穏《おだ》やかで優しい心がありながら、与えられた人生の条件ゆえに、修羅《しゅら》のように人を恨み、呪わずにはいられなくなる悲しさ、痛ましさに心からの光を送っていただきたいのです。

大切なことは、ご両親をはじめとして累々《るいるい》と連なるご先祖の魂の悲しみの中にあっても、愛されてきたからこそ、あなたはこの世界に生まれることができたという事実です。

もちろん、あなたの心の中には、そのご先祖の方々が人間として生きている間に抱《かか》えた人生に対する疑問や超えられなかったテーマやこだわり、とらわれの一切が流れ込んでいることも本当です。

それは、あなたが身に引き受けざるを得なかった「宿命の呪縛」とも言えますが、別の見方をすれば、ご先祖の魂とあなたとの絆《きずな》の証《あかし》であり、今、生きているあなたに、そうしたテーマやとらわれを超えてほしいという希望が託《たく》されているということです。そこから流れ込んだ因縁の呪縛を解く鍵《かぎ》は、あなた自身が持っているということを、決して忘れないで下さい。

宿命の呪縛から解き放たれ、真の自由を手にすることができます

ご両親、そしてご先祖の魂との絆に想いを馳せながら、あなた自身の内に流れ込んできているものとはどのようなものなのか、具体的に振り返っていただきたいのです。

例えば、「なぜ、これほどの不幸を背負わなければならないのか」と、被害者意識の塊《かたまり》になるような心。「自分を不幸に陥《おとしい》れた存在を許せない」という恨みの心。「これから私の人生はどうなるのだろうか」と祟りの恐怖に怯《おび》える心。「もう生きる意味も気力もない」と、自分の存在すらも否定せずにはいられなくなる心。……心の内に巣《す》くう想念を思い切って、真正面から受けとめてみましょう。

例えば、お父様に対する想いはどうでしょうか。もしあなたが今の穏やかな気持ちで、振り返ることができたなら、きっと、今まで見えなかったお父様の様々な側面が見えてくるのではないでしょうか。

今まで自分たちが被害者で、父親は一方的に加害者にしか見えなかったかもしれませんが、それは一面の姿でしかありません。あなたやお母様がそうであったように、お父様もまた、自らの与《あずか》り知らぬところで様々な人からの影響を受け、宿命を背負い、不自由を囲《かこ》うところから人生を生きざるを得なかったかもしれないのです。

そんなお父様の人生を、今度はあなたが「魂の親」になった気持ちで、一緒になって受けとめ、背負って差し上げることができたなら、あなたの中のこだわりは、きっと溶《と》かされ、浄化《じょうか》の時を迎えてゆくでしょう。あなたの中に「許し」の心がわずかでも芽生《めば》えるなら、お父様の魂はどれほど癒されるでしょうか。

人間とは、何と悲しい存在なのか、何と不自由な存在なのか……。心から人間の悲しみに涙し、人間の心を縛《しば》る「世界の実相《じっそう》」に目が開かれていったとき、あなたは大きな「許し」の心によって自ら宿命の呪縛から解き放たれ、真の自由を手にすることができます。そして多くの人々の悲しみや痛みを引き受け、共に背負って歩む、新たな人生を始めることができるのです。

そのとき、人を恨む呪詛《じゅそ》や祟りもまた、宿命に呑み込まれた人間が抱《いだ》かざるを得ない悲しみであり、痛みにほかならないことを知るでしょう。そして、「祟り」に恐れおののく「恐怖の呪縛」からも解き放たれるのです。

人間の内には、一体どれほどの力と可能性が秘められていることでしょうか。たとえ、何代にもわたる不幸の歴史を背負おうとも、生き地獄とも言うべき悲惨な現実を引き受けようとも、人間には、その不自由な鎖《くさり》を解く力があり、一切の呪縛を解放し、大いなる存在の御手《みて》に触れることができる――。

人間の内に宿るこの限りない可能性を目の当たりにするとき、大いなる存在は、私たち人間を通して、その御業《みわざ》をこの世界に現そうとしているように思えてなりません。

あなたがいる。あなたが生きる。あなたが歩む。あなたが働く――。もうすでに、そのこと自体に、先祖の魂の救いへの一切の希望が託されています。そのことを胸に、かけがえのないあなたの人生を、ぜひ大切にしていただきたいと心から願っています。

12 癌《がん》と宣告された今、残された人生をどう生きたらいいのでしょうか？

腹痛に襲《おそ》われ、身体に異常を感じたのが三カ月前。その後、精密検査を受けると、胃癌の末期との診断で、余命は一年と告知されました。突然の宣告に、「どうして私が?!」という憤《いきどお》りと不安でパニックに陥《おちい》りました。葛藤《かっとう》しながらも、ようやく事態を受けとめられるようになったのですが、限られた時間のことを思うと、これからどうすべきか分からなくなります。

（六十五歳男性）

心の平静さを保っているというだけで勇気があります

大変な試練に向かい合いながら、こうして心の平静さを保っておられるということは、あなたはそれだけで勇気がおありになる――。末期の癌と告げられたら、誰《だれ》でも自分を見失いかねない危機にさらされるはずです。底なしの闇《やみ》に落ちてゆくような恐怖にも直面しなければならないでしょう。「どうして自分がこんな病気を引き受けなければならないのか」と、口惜《くちお》しくてたまらない気持ちとやり場のない腹立たしさ……。一体この事態にどう向き合えばいいのか――。茫然自失《ぼうぜんじしつ》の空白の時も続いたはずです。絶望感に苛《さいな》まれ、一すじの光も見出《みいだ》せない日々に耐《た》えて、初めて今のあなたがいらっしゃるのだと思います。

そのようなあなたに、多くの言葉は虚《むな》しく響《ひび》かざるを得ないでしょう。私が今あなたにできることは、人間の生命の真実――人間が今の人生を生きるだけではない、永遠の生命を生きる存在であることをお伝えさせていただくことと感じます。あなたと同じような状況に直面して不安を抱《かか》えながらも、自らが永遠の生命であることを実感されることによって、生きる希望を失うことなく歩まれた方のことをお話しさせていただくことではないかと思います。ここでは、これまでに私がお会いしてきたそうした方々のお一人、杉村文子さん（五十歳女性・仮名）の歩みを辿《たど》りながら、ご一緒にあなたの問いを見つめてゆきたいと思うのです。

新しい次元への扉《とびら》が開かれるとき

青天《せいてん》の霹靂《へきれき》のごとき、思いがけなく突きつけられた末期癌の告知――。杉村さんの場合も、その数年前に受けた手術の予後《よご》が順調だっただけに、大変な衝撃《しょうげき》でした。後に当時のことを杉村さんは「地の果て、宇宙の果てまで、たった一人、誰の手も届かない果てに飛ばされたようだった」と綴《つづ》られています。

私が促《うなが》しを感じて、杉村さんにお会いしたのは、それからほどなくしてでした。辣腕《らつわん》の経営者として采配《さいはい》をふるってこられた方とは思えぬほど憔悴《しょうすい》し切った彼女に、癒《いや》しの光が注《そそ》がれることを祈念《きねん》しつつ、対話の時を持たせていただいたのです。

「どんなことでも努力すればどうにかなる」という彼女の信条通りにはならなかった病の現実。いつも人一倍努力をして、様々な苦境を乗り越えてきた彼女でしたが、初めて、如何《いかん》ともし難《がた》い巨大な壁の前に立ちすくんでいました（出会いの詳細《しょうさい》は、小著『天の響《うた》地の物語』の「大樹《たいじゅ》」をご参照下さい）。

そのような状況に転換が訪れたのは、いかに多くの人々の助力と支えによって生かされての今であるかに目が開かれたことがきっかけでした。その一つに会社のことがありました。自分がいなければ会社は行き詰《づ》まると思っていたのに、むしろ自分がいない方がうまくいっている事実に直面したとき、愕然《がくぜん》とするとともに、今まで見えなかった社員の頼《たの》もしさ、ありがたさを感じたのです。

そうした気づきの上に、杉村さんは自分がこの人生だけを生きる存在ではないことを知ってゆかれました。人は誰も、遙《はる》かな転生《てんしょう》の絆《きずな》を抱《いだ》いて、会いたくてならなかった縁《えん》深き一人ひとりと、家族として、親子として出会っていることを確かめることになったのです。この出会いを境に、恐怖と不安で千々《ちぢ》に乱れていた杉村さんの心は鎮《しず》まり、安らぎを取り戻してゆかれました。生死を超えたもう一つの次元、永遠の次元の実在をはっきりと実感されたことが、その後の彼女をずっと支え続けていったと言っても過言ではありません。

杉村さんはそうした中で、幾《いく》つもの試練を越え、自らのテーマと向き合ってゆかれました。「自社ビルを建てたい」「県下一番の会社になりたい」……かつて話題になっていた潜在意識の開発など、あらゆる方法を駆使《くし》してでも手にしたいと夢中になった名誉や財への渇望《かつぼう》から、嘘《うそ》のように解き放たれてゆきました。

「お金も要《い》りません。ダイヤも要りません。（それは）ただの〝物〟でした」。きっぱりとそう語った彼女の言葉はすがすがしく、それを聞いた人の心を打ちました。〝物〟は所詮《しょせん》〝物〟でしかなく、自分を温《あたた》めてもくれず、この苦しい苛《さいな》みからも自由にはしてくれなかった――。〝物〟が見せていた幻想が剥《は》がれ、等身大《とうしんだい》に見え始めた裸の言葉でした。そして、目的成就《じょうじゅ》の手段としてしか接してこなかった従業員の存在が愛《いと》しく思えてきました。いつも目にしていた自然の風景が輝《かがや》いて映《うつ》ってきました。それはこれまでの人生ではまったくなかったことでした。頂いた幾通ものお手紙の中に、こうした心境の変化が溢《あふ》れるように綴られていました。

新しい人生の始まりを迎えている今だからこそ

杉村さんは、永遠の次元に目覚めたまなざしによって、何が本当に大切で、何が大切でないか、鮮明《せんめい》に感じられるようになってゆかれました。そしてそのまなざしで生き始めたとき、新しい世界と出会いました。病に罹《かか》れば、一人ぼっちになると思っていた彼女の前に、たくさんの仲間が手を差し伸べる「絆の海」がありました。死ねば終わりだと思っていた地の果てに、永遠の世界が広がっていることを知りました。

そして、そうした変化は彼女だけではありません。私が出会ってきた少なからぬ人々が、たとえ不治《ふち》の病であっても、その深い試練の谷をのぞき込み、生命の瀬戸際《せとぎわ》で、虚飾《きょしょく》の殻《から》を脱《ぬ》ぎ捨て、大いなる存在へと托身《たくしん》してゆかれました。そして自らの心と世界との間の夾《きょう》雑物《ざつぶつ》が取り払われ、自由で素直な魂の本来の輝きを取り戻してゆかれたのです。

人は誰でもやがて死を迎えます。その定《さだ》めを免《まぬが》れることはできません。誕生の門をくぐって始まった人生は、必ず死の門をくぐって幕《まく》を閉じるものです。同じ人生を永遠に続けることのできる人はありません。

しかし、それは一切の終焉《しゅうえん》を意味するものではありません。人間の魂は、一つの人生を終えても、ずっと生き続ける永遠の生命です。死の門をくぐる時が近づき、人生では経験したことのない場所に踏み込もうとしている今だからこそ、これまでと違う生き方ができる――。これまで取り組んだことのなかった人生の仕事を始める時を迎えているという受けとめ方もできるように思うのです。

あなたにとっても、新しい人生の次元を生き始めることを促されているときであり、その呼びかけを内包《ないほう》した病であることを深く知っていただければと思います。たとえ、時間は限られていても、そこに新たに生まれ出るものが確かにあることを信じていただきたいのです。

【BOX3●問題解決の心得Ⅰ】忍土《にんど》の自覚

「忍土」とは、心の上に刃《やいば》と書くその文字の如《ごと》く、「耐《た》え忍ばなければならない場所」という意味の仏教の言葉です。この世に生を享《う》け、生きる私たちは、生老病死《しょうろうびょうし》――生きる苦しみ、老いる苦しみ、病の苦しみ、死の苦しみから逃《のが》れることはできません。さらに、愛する人、大切な人ともいつかは別れなければならず、欲しいもの、求めるものがすべて手に入るわけではありません。会いたくない人とも会わなければならないのも世の常《つね》です。

たとえ良かれと思って為《な》したことでも、自らの与《あずか》り知らぬところで、他人《ひと》の人生を横切り、ときに傷つけ、人生を狂わせてしまう。一人が勝者になれば、誰《だれ》かが敗者になる。一人が富を得て幸せを手にすれば、誰かが財産を失い途方《とほう》に暮《く》れる。まさにこの世界の実相《じっそう》は、自ら傷つき、そして他人を傷つけずには生きることができない「忍土」なのです。

私たちは、突然、思いもかけない試練がわが身に降りかかったり、個人の力を遙《はる》かに超えた圧倒的な力に翻弄《ほんろう》される運命の理不尽《りふじん》さを思うとき、「何でこんな目に遭《あ》わなければならないのか」と憤慨《ふんがい》したり、「どうせ私の人生はこんなもの」とニヒリズムに陥《おちい》ったりします。そのようなときこそ「忍土の自覚」が必要となります。

この世界は試練多き場所であり、忍土であるという自覚が深まると、予期しなかった出来事が起こっても、「それがこの世界の定《さだ》め」と受けとめる肚《はら》が定まり、被害者意識やニヒリズムに陥ることが少なくなり、事態を平常心で受けとめることができるようになります。

そして、忍土に身を置いているにもかかわらず、こうして生きていることそのものが、どれほど見えないところで支えられてきたことか、と恩恵《おんけい》の現実に目覚めることもできるのです。

さらに、他人に傷つけられてきたという被害者意識ばかりではなく、自分もまた無自覚に他人を傷つけてきたのかもしれないという加害者としての自分、愚《おろ》かで未熟な自分を知って生きることができるようになります。その自覚が深まれば深まるほど、そう生きざるを得ない人間の弱さや悲しさを受けとめる、人間に対する本当の優《やさ》しさ、受容《じゅよう》の心が育まれてゆきます。

忍土の自覚とは、私たちがこの世界を生きてゆく上で欠くことのできない基本的な世界認識であるということです。

【BOX4●問題解決の心得Ⅱ】必ず、最善を導《みちび》く道はある

まさに今、試練と格闘《かくとう》しているさ中にあるとき、「本当に大丈夫だろうか」とか「やはり、駄目《だめ》なんじゃないか」とふっと気弱になったり、希望が感じられなくなったりすることがあります。そうなると、内から力が湧《わ》かなくなり、心がパニックに陥《おちい》って、超えるべき試練も超えられなくなるといった事態を自ら招き寄せてしまうことになります。

そのようなときこそ心したいこと、私たちがいつも念じ続けていたいのが、「必ず、最善を

【BOX 4 ●問題解決の心得Ⅱ】必ず、最善を導く道はある
【BOX 5 ●問題解決の心得Ⅲ】感情の脚本に呑まれない

導く道はある」という心得です。

試練は私たちが新生《しんせい》し、再生するために与えられたチャンスです。ならば、試練に込められた呼びかけに耳を傾《かたむ》け、「自分が変わってでもこの事態を何とかしたい」と新生の歩みに向かうならば、そこに必ず道が開くということです。

本書でも折々に触《ふ》れさせていただいていますが、私がこれまで出会ってきた多くの人々が、実《じっ》践《せん》を通してそのことを証明しています。

逆に言えば、その人が背負うことができないほどの試練が訪れることはない、ということでもあります。その試練を引き受けて歩むことができるだけの力と条件は、もうすでに与えられているのです。

この世界にはすべての存在の成長と深化を導く指導原理《しどうげんり》が流れています。私たちは誰《だれ》もがその指導原理と響《ひび》き合って生きることができます。そして、自分を超えた力に導かれ、思いもかけない道を開くことができるのです。

【BOX5●問題解決の心得Ⅲ】感情の脚本《きゃくほん》に呑《の》まれない

私たちは何か問題や事態が降りかかったとき、不安や恐怖心、怒り、自己満足、過信《かしん》などの感情によって、現実とかけ離れたイメージを心の中で描くことが少なくありません。いわば幻想《げんそう》世界なのですが、その渦中《かちゅう》では「そうに違いない」と固く信じているために、自分が描いた幻想のストーリーをあたかも現実であるかのように錯覚《さっかく》してしまうのです。このように、心

の中で次々に描き始める、現実とは遊離《ゆうり》した物語を、私は「感情の脚本」と呼んでいます。

例えば、向こうから近づいてくる上司（部長）に、挨拶《あいさつ》をしたにもかかわらず、何の返答も挨拶もなく相手が通り過ぎていった場合――。この同じ事態に遭遇《そうぐう》しても、人によって描く感情の脚本は様々です。「無視された。きっと部長は私のことを嫌《きら》っているに違いない。もう駄目《だめ》だ。いっそのこと辞めてしまおう」と思い詰《つ》めてしまう人もいれば、「部長は私に嫉妬《しっと》しているんだ。私の方が能力が上だからだろう」とまったく意に介《かい》さない人もいるのです。また、中には「許せん。俺のことを無視したな。いつか仕返ししてやる」とカッとなり、怒りに震《ふる》える人もいるかもしれません。

現実は単に気づかなかっただけなのかもしれません。もしそうなら、いずれも、それぞれの心の傾向ゆえに描かれた幻想世界であって、あるがままの現実ではないわけです。

問題解決のためには、「今自分は、感情の脚本に呑まれている」ということを、まず自分で見破ることが必要です。そしてその「感情の脚本」から離れて、等身大《とうしんだい》に事実をあるがままに受けとめようとすること。このこと一つ心がけるだけでも、見える世界は変わり、まったく未来は変わってしまうでしょう。

13 次々に亡くなってゆく患者さんを前に、医者は一体どうしたらいいのでしょうか？

医療の現場にいて常々《つねづね》思うことですが、どんなに手を尽《つ》くしても、命が助からない患者さんを前にすると、「いくら頑張ったって、所詮《しょせん》どうにもならないじゃないか」とニヒリズムに襲《おそ》われ、その自分をどうすることもできません。最近、病院でも後輩の面倒《めんどう》を見たり、責任ある立場に就《つ》くようになって、以前より一層重い気分が毎日のように続いています。周囲の医療者も皆疲れ切っているように見えます。どうしたらこうした状態から脱《ぬ》け出すことができるのでしょうか。

（四十八歳男性・医師）

ニヒリズムの想いの奥から聴こえる叫びがあります

一生懸命尽くしても、結局亡くなってしまう……。「いくら頑張ったって、所詮どうにもならないじゃないか」――あなたのそのやり場のない想いの奥に、もう一つ別の想いが横たわっているように私には感じられます。「何とか、助けて差し上げたい」「少しでも命をながらえさせてあげたい」という切実《せつじつ》な願い――。今あなたが感じているニヒリズムの想いとは、そうした願いの裏返しとして生まれている虚無感《きょむかん》であり、絶望感なのではないでしょうか。

「命が失われてゆくのは当然」という割り切った態度であるなら、きっとあなたのような苦しみにも襲《おそ》われないことでしょう。

また、今あなたが抱《かか》えていらっしゃる悩みは、病院であなたが責任ある立場に立つようになったがゆえに生じている悩みでもあるのだと思います。患者さんのご家族にも向き合わなければならず、医療行為に対しても、最終の責任を引き受けなければならない。若い後輩の医療者にも関わることになって、改めて医療者に疲れ切っている人が少なくはないという現実に目が開かれたのではないでしょうか。

医療者としての責任にも目覚め、死にゆく患者さんを前に、医師として何とかしたいと真剣に思い始めたからこそ、現実の壁がいかに険《けわ》しいのかがはっきりと見えてきたということであり、患者さんの痛みの現実に向き合う中で「患者さんの命を何とか救って差し上げたい」という願いも引き出されたのだと思います。

そこにこそ、あなたが医療者としての道を選んだ願いの原点があり、本心があるということではないでしょうか。

「治す」ことはできなくても、「癒《いや》す」ことはできます

そしてその本心を思い出したあなただからこそ、自分自身に真っすぐに、切実に問いかけずにはいられなかったのでしょう。

「次々に亡くなってゆく患者さんを前に、医者は一体何ができるのか——」

死にゆく患者さんを前にして、「どうしたらいいのか、どうしたらいいのか……」と、ずっと格闘《かくとう》し続けてきたそのお気持ちが、私の心にも切々《せつせつ》と伝わってきます。

そうした想いは、実は医療を志《こころざ》し、誠実にその責任を果たそうとする医療者の方ならば誰《だれ》もが共通して抱《いだ》く疑問であり、ずっと突きつけられる問いなのではないでしょうか。それだけ重要なテーマだということです。ならば、その解答をぜひ真剣に求めていただきたいと思うのです。

そのために、どうしても直視《ちょくし》しなければならない現実は、「死なない人間はいない」という事実だと思います。人の命には限りがあるという峻厳《しゅんげん》な現実です。そのことは、誰もが頭では十分に理解しています。しかし、心ではなかなかその現実を受け入れることができません。

しかし、たとえどれほどの技術の進歩があっても、その事実を覆《くつがえ》すことはできません。

その現実に目を開いたなら、その限りある時間は、その人が何かを果たすために与えられている時間であることがはっきりします。最期の瞬間まで、その「限りある命の時間にできることがある」ということを忘れないでいただきたいのです。

もしあなたが医師として、否《いな》、一人の人間として、患者さんの死期が迫っていることが分かる立場におありになるならば、その方が最期の命の時間を大切に生き切るための「縁《えん》」としてはたらくことができるのではないでしょうか。患者さんが「生まれてきて本当によかった」と心からそう思って、人生の終わりの時を迎えることができるように、誠心誠意、「この方が人間としての仕事をまっとうできますように——」と、祈るような想いで関わることもできるはずです。

病を「治す」ことはできなくとも、患者さんの心を「癒す」ことはできる——。その気持ちで患者さんにまなざしを注《そそ》ぎ、手を握《にぎ》りしめ、語りかけ、治療を施《ほどこ》してゆく——。あなたのその願いが、患者さんの心に映《うつ》る日が来ることを信じて、関わって差し上げてはいかがでしょうか。

一人の人間として患者さんの本心に触れたとき、医療者もまた、必ず癒されます

患者さんの側から言うならば、自分の人生の最期のとき、そこまで尽くされた上に、自分のために涙を流して下さる方が傍《そば》にいるというだけで、どれだけ励《はげ》まされ、勇気づけられることでしょうか。「このお医者さんに、命を任《まか》せてよかった」ときっと思われることでしょう。患者さんが求めているのは、単に死を免《まぬが》れることではなく、死にゆく孤独や切なさを本当に受けとめてくれる人だからです。

そしてそのように関わられた患者さんの中から、まったく思いもかけない力が溢《あふ》れてくることがあるのです。私は、不治《ふち》の病に冒《おか》され、残された時間が限られていることを自ら知った患者さんと出会う機会を、これまで幾度《いくど》もいただいてまいりましたが、その度《たび》に、人間は死んでも朽《く》ちることのない、気高《けだか》い志を抱いているという想いを深めずにはいられませんでした。

ある方は、「ベッドの上でもできることがある」と申し上げた私の促《うなが》しのままに、どこにそのような生命力が眠っていたかと驚くほどの明るさで、お見舞いに来られるお一人お一人に命のかけがえのなさを訴《うった》え続けました。「励ますつもりだったのが逆に励まされた」とその方々は口々に語られたと言います。

また、何十年もかけて生じた奥様との捻《ねじ》れた関わりを心から後悔《こうかい》され、最後の数週間の間にご自身が変わることによって絆を結び直し、「来世《らいせ》もまた夫婦として出会おう」と奥様の手を握りしめ、旅立ってゆかれた方もいらっしゃいました。

私自身も、患者さんの中の本心が引き出され、それまで眠っていたまったく新しい人格が生まれようとするその瞬間に立ち会ったような喜びを頂きました。

どの患者さんの中にもそのような本心が必ず眠っていると信じて関わったとき、必ずその本心は引き出されるものです。そしてその患者さんの本心に照らされて、逆にお医者さんの気持ちが癒されることもあるのです。

大切なことは、医者と患者という立場で出会っていても、「癒す側」と「癒される側」という単純な分け方はできないということ。そしてすべての根底には、一人の人間としての出会いが横たわっているということです。医者である前に、同じく死すべき存在である「一人の人間として」のまなざしに立ち還《かえ》ってゆくとき、あなたの受けとめ方も関わり方も変わってゆくのではないでしょうか。

もちろん、同時に、医療の技術も磨《みが》き続け、より多くの方を助けて差し上げられるよう、努力を重ねられることはお願いしたいと思います。

人は死すべき存在だからこそ、生命の尊さを知ることができます。手を尽くしても助けられなかったその後悔を願いの光に変えて、何かをするために与えられている人間の命の時間を守って差し上げられるお医者様になっていただけますよう、心から祈っています。

14 初めての仕事でみじめでつらい日々を送っています

会社経営をしていた主人と離婚しました。経営が難《むずか》しくなっており、慰謝料《いしゃりょう》も十分にはもらえませんでした。私は大学を卒業してすぐに結婚したので、就職の経験はありません。でも、思い切って働こうと決心し、不況の中、アルバイトの仕事をようやく見つけたのですが、なにしろ初めての経験で何かと不手際《ふてぎわ》も多く、私より若いオーナーに注意されっ放しです。みじめでつらい日々ですが、さりとて辞めてしまうと生活にも困るし……。どうしたらいいか分かりません。

（四十六歳女性）

アルバイトを始めたこと、それは「新しく人生を生き直したい」という意志表明

四十代になってから初めて働くことになられたとのこと。慣れないことばかりで、どんなにかご苦労も多いことでしょう。これまでなら社長夫人として、ご主人の会社の社員の皆さんはあなたのことを何かと大切にして下さったでしょうし、少々の無理も聞いていただけたのではないでしょうか。

そのような境遇《きょうぐう》にあったあなたからすれば、あなたより若いオーナーから一つ一つ注意をされるなどということは、耐《た》え難《がた》いことだろうと思います。そして、それ以前に、アルバイトで働きに出ると決断したこと自体が、あなたにとっては、まさに清水《きよみず》の舞台から飛び降りるような気持ちだったのではないかと推察《すいさつ》します。

あなたの相談を伺《うかが》い、私には、あなたがそのように「アルバイトで働く」と決断をしたこと自体が、実はあなたが意識している以上に、あなたの人生にとって大きな意味を持っているように思えました。きっかけは、「これからの生活のことを考えると、まだ身体が元気なうちに思い切って働きに出ようかしら」といった想いだったのかもしれませんが、あなたのこの決断は、「新しく人生を生き直したい」という意志表明のように思えてならないのです。

あなたが二十年以上続いたこれまでの生活を捨てても離婚されたということは、よほどの決意があってのことでしょう。ならば、どんな試練も引き受ける覚悟《かくご》も持っていらっしゃるのではないでしょうか。

試練はあなたを変えるチャンス――あるがままのあなたからの出発を

今までご主人に庇護《ひご》されてきたあなたが社会に出て、それも慣れない仕事を始めるならば、いろいろな試練に直面するのは、ある意味では当然のことと言えます。確かに若いオーナーから事細《ことこま》かに注意されるというのはつらいことでしょう。しかし、そのつらさはどこから来ているのでしょうか。

そのようなつらいときだからこそ、自分の内側にどのような想いが動いていて、苦しみがどこから来ているのかをしっかりと見据《みす》えることが大切です。そこにあなたの抱《かか》えている人生のテーマがあり、乗り越えるべき点があるかもしれないからです。

あなたの心を苦しめているのは、自分より若い人から注意されることによる屈辱感《くつじょくかん》でしょうか。そうであるならそれは、自分の中のプライドゆえの苦しみということです。あるいは、できない自分を見なければならない惨《みじ》めさでしょうか。「こんなに自分が何もできないとは思わなかった。もう駄目《だめ》だ」という自己卑下《ひげ》の想い……。

私が知るある女性は、やはりあなたと同じように社長夫人として何十年もの歳月を過ごしてきたのですが、ご主人が突然病気で亡くなり、六十歳を超えてから働きに出られました。そして、慣れない仕事でつらい日々を送っていたとき、自分を見つめることで大きな転換を経験されたのです。そのきっかけとなったのは、ご自身の心を見つめる中で、「どうせ私は駄目」「もう耐えられない」といった自分を卑下する想いだけではなく、逆に相手を見下《みくだ》す想い、「優位」からものを見る感覚が同時に心の中にあったことに気づかれたことでした。「私は社長夫人だったのよ」「私の言う通りにしなさい」「あなたの言いなりには絶対にならない」……そんなプライドがあったら不整合《ふせいごう》が起こるはず、と得心《とくしん》され、初心に返って素直な気持ちで、ひたむきに仕事に向かい合った結果、上司との関わりも変わり、仕事に生き甲斐《がい》を見出《みいだ》すことができるようになってゆかれました。

試練が起こったら、まず心を点検し、転換し、具体的に新しい生き方にチャレンジする——そのような生き方の中から、あなたもきっと新しい道が見出せるはずです（一六五頁、BOX8参照）。

新しいチャレンジは、確かに苦しみも伴《ともな》います。しかし、自分を変えてゆく絶好《ぜっこう》のチャンスです。

苦しいときには、「このままの自分でいたいのか、自分を変えてでも、新しい自分になりたいのか」と自らに問いかけてみて下さい。そして今、人生を経験している魂としてのあなた自身を想っていただきたいのです。魂は新たな経験をすることで成長し続けます。

あなたは成長することができる。その自分を信じていただきたいのです。

さらにこう考えて下さい。鍛《きた》えてこなかった筋肉を使えば、肉体も疲れ、苦しい想いもします。一キロしか走った経験のない人が数十キロも走れるようになるためには、どうしても鍛錬《たんれん》の期間が必要でしょう。心の筋肉も同じです。鍛錬を続けるなら、やがてかつて耐え難かったことも難《なん》なく耐えることができるようになり、コントロールできなかった心も調御《ちょうぎょ》できるようになります。

プライドも捨て、卑下する想いも捨てて、あるがままのあなたとして出発すること。そして、どんな試練をも乗り越えてゆけるだけの逞《たくま》しさを育てていっていただきたいと、心から応援したい想いです。

15 なぜか会社の人間関係がうまくいきません

私が部長を務《つと》めている勤務先の経営状況はここ数年悪化の一途《いっと》を辿《たど》っています。いずれ取り返しがつかなくなるのは明らかなのに、誰《だれ》も危機感を持っていません。私なりに様々な改善案をつくり、社長や部長仲間に投げかけてみるのですが、皆、なかなか協力してくれません。逆に人間関係がぎくしゃくし、正直なところまいっています。（四十歳男性・会社員）

あなたの分析力や責任感はすでに認められていると思います

一つの現実に対する感じ方、対応の仕方というものは、人によって様々です。あなたが心配している会社の業績に対して、他の人がとても心配しているとは思えないということも、その違いかもしれません。しかし、会社の業績が芳《かんば》しくないことは、明らかな事実であり、社内の皆さんもおそらく承知のこと。多くの方がその経営状態に翳《かげ》りがあることを感じながら、あなたがおっしゃるように、全社一丸《いちがん》となっての問題意識にはなっていないのでしょう。そんな状況に、あなたは一層、危機感を募《つの》らせて、その想いを周囲の方々にぶつけておられるのですね。

会社の行く末をわがことのように案じる責任感。筋道《すじみち》立てて問題点の所在を見極《きわ》めてゆく分析力。あなたのそうした力は、きっと周囲の方々も理解していらっしゃることと思います。

しかし、その想いはすれ違うように受けとめられず、むしろ、マイナスにさえなっているように感じる。一体どういうことなのか——。理不尽《りふじん》な気持ちも感じておられると思いますが、もし本当にあなたが会社のことを何とかしたいのなら、ここで、いつもとは違った考え方を試《こころ》みる必要があると思うのです。

まず「自分にできることは何か」と考えてみましょう

何か問題があると、自分の失敗が明白《めいはく》ではない限り、その原因を外に見ようとするのが人の常《つね》です。「ここが悪い」「あの人が問題」。そうやって問題を外に見て、批判し追求してしまう。もちろん、それも一つの対処の仕方です。これまで数え切れない人々が取り組んできた解決法と言えるでしょう。ある意味であなたがこれまでに取った行動もこのやり方だったとは言えないでしょうか。しかしそのやり方はうまくいっていない——。

ですから、私がここであなたにお勧《すす》めしたいのは、それとはまったく異なるアプローチなのです。そのポイントは、今生じている問題と自分自身を切り離さず、一つに結ぶということです。自分がその責任を引き受ける。つまり、その問題をまず自分自身に吸い込んでみる。そのとき事態の見え方は大きく変わるでしょう。その上で、自分自身がこの事態に対してできることは何かと考え、そのことに全力で取り組むことです。

あなたの会社の例で言えば、あなたはこれまで、会社が陥《おちい》っている状況の原因を、「みんなは分かってない」と、自分の外、つまり社長や仲間、業界の状況などに見ておられました。しかしそうではなく、問題の原因を自分に見出《みいだ》すこともできるということです。「会社の危機的な状態について、自分はそれを十分感じているのだから、それを理解してほしい人たちにもっと智慧《ちえ》深く伝えることができたはずではないか」「もっと皆の気持ちを聞かせてもらい、協力してもらえるように働きかけることができたはずだ。それを十全《じゅうぜん》にしてこなかった自分にも責任の一端がある」と考える――。

そんな考え方は理不尽だと思われるかもしれません。自分以上に会社の問題を心配してきた者はいないのだから、どうして自分がその原因を引き受けなければならないのか、と。でも、他人《ひと》のせいにした途端《とたん》に、私たちはその問題をどうすることもできなくなります。

その問題の主導権《しゅどうけん》を握《にぎ》っているのは他人になってしまうからです。

問題の原因を自分に見るということは、自分にできることがあるということ。自分が変われば事態が変わる。それが自分自身の本当の主導権を行使《こうし》することであると私は思うのです。そのポイントは、自分の主導権の外にある事柄については横に置いて、主導権の中にある自分自身のあり方、自分の関わり方を徹底的に変革することを第一にするということです。

二宮尊徳《にのみやそんとく》もガンジーも問題の原因を自らに見出し、引き受けようとしました

歴史の中で大きな問題を本当の意味で解決した人は、実は皆、この道を歩んでいました。改革の方法、モデルを標準化して、誰でも使えるようにマニュアル化した仕法雛形《しほうひながた》や現在の信用組合の土台となるような五常講《ごじょうこう》などのシステムを生み出し数々の藩の財政を建て直した二宮尊徳（一七八七〜一八五六）、非暴力運動など様々な運動形態を生み出しインド独立を導《みちび》いたガンジー（一八六九〜一九四八）など、誰も想像しなかった方法を創造し、不可能に見えた問題を解決に導いた人々は、いずれも、その問題の原因を徹底的に自らに見出そうとしていった人々でした。どう考えても引き受けなくていいはずの問題を自分の

責任として捉《とら》えたのです。普通ならば、「誰が悪い、ここが足りない」と糾弾《きゅうだん》するのに、常に「自分にできることは何か」という姿勢で、それを解決に導いていったのです。

私が関わらせていただいたある会社役員の方もそうでした。会社の状況を憂《うれ》い、社長を含《ふく》め役員たちに意見書を提出。絶対協力を取りつけられると思っていたところ、役員会で孤立し、社長からは「僕は君をクビにもできるんだよ」とまで言われてしまいました。そのことをきっかけに、自らの想いの中に「こんな役員じゃ駄目《だめ》だ」「まともなのは俺だけ」といった想いがあること、それは人生の歩みゆえにつくった思い込みだったことに気づかれました。そして、「この方々は私のために生きて下さっている」「『こうすべき』（と言うの）は止めること」「俺はやっていると得意に陥ってはならない。自分が愚《おろ》かであることを自覚せよ」等々、日々、外なる事態と自らの内界とをつないでゆくための心構え八カ条を定《さだ》められたのです。その想いを定めたとき、事態がまったく違って見えてきました。自分の未熟さも、自分ができることも具体的にはっきりしたのです。そうした新生《しんせい》への取り組みを通じて、周囲との関係が変わり、当初危機感を抱《いだ》かれた会社の状況も光転《こうてん》に向かっていったのでした。

言葉は想いを乗せて届くものです。自分の想いを点検し「私が変わります」を

会社の問題に対する新しいアプローチを始めようとしているあなたに、もう一つ知っておいていただきたいことがあります。

「会社の危機を感じ取り、その問題を皆に伝えたのに、誰も関心を持たず、注意を払わなかった」とあなたは言われました。どう考えても、会社は危機にあり、そのことは大変な問題なのに、どうして誰もあなたの言うことに耳を傾《かたむ》けなかったのでしょうか。それには理由があったと思うのです。

立案した改善案を社長や同僚の皆さんにお伝えになるとき、「このままだと大変なことになる」「どうにかしなくては」……という想いと背中合わせに、あなたの中には「みんな駄目じゃないか」「なんでこんなこともできないんだ」というような責めの想いがあったということはないでしょうか。そして、その想いのもっと奥には、漠然《ばくぜん》とですが一貫した大前提のように、「みんなは分かっていない。俺は分かっている」といった自分を優位に置く想いがあったのではないでしょうか。

もしそうならば、相手にその想いが届いていたはずです。皆さんは、あなたの提案の内容そのものにではなく、あなたが相手の方を責め、見下《みくだ》していること自体に、心情的に抵抗していたかもしれないのです。

あなたはそれを不合理だと思うかもしれません。確かにあなたの提案には具体的な内容があり、その内容を聞いて論理的に判断すべきだということでしょう。しかし、「論理」は事態の一側面でしかなく、論理だけで人が生きているわけではありません。

言葉は、それを発した人の想い・行いと切り離すことはできないのです。言葉は言葉の意味だけで届くものではありません。そのときの言葉を発する人の想いを乗せて届けられるものです。

ですから、言葉は、正しい内容であっても、その言葉の基にある想いを受け入れたくないという態度を引き出してしまうことがあるのです。もしあなたが、「自分にできることなら、何でも応《こた》えたい」という想いから提案を伝えていたら、もっと深く耳を傾けてもらえたかもしれません。

しかし、あなたの中に皆を責める想い――他を批判し、否定する想いがあったらどうでしょう。もしそうであるなら、心の回路で言えば、あなたは苦《く》・暴流《ぼうりゅう》の回路を持つ傾向があり（一五九頁、BOX7参照）、現実を「批判」で受信し「正論」で発信していたのでしょう。ですから、それを受け取った人たちとの間に、「対立／萎《い》縮《しゅく》」の現実を生み出したのだと思います。

この心の回路は長い時間をかけて、人生の中で形づくられてきたものです。あなた自身がそうならざるを得ない道のりを辿《たど》ってこられたのでしょう。ですから、その想いを変えるには、それだけの覚悟《かくご》と時間も必要です。

「批判—正論」で事態と自らを切って周囲を責める心の傾きに対して、私は「内省《ないせい》の行《ぎょう》」などの「行」をお勧《すす》めしています（二一九頁、BOX11参照）。それはすでに述べたことと重なりますが、どう考えても自分には原因がないように見えても、「事前に自分にできることがあったのではないか」「自分がこう生きていれば、ここまでにはならなかったのではないか」と、何とかして原因を自分に引き寄せることが秘訣《ひけつ》です。そこから、今から取り組めること、取り組むべきことが見えてくるのです。先に取り上げた会社役員の方の八カ条も、まさに自らをそう誘《いざな》うものでした。

大切なことは、言葉だけで周囲の理解・協力を得ようとするのでなく、「共感」の心をもって関わってゆくことです。そして共感を基とした温かな言葉、温かな行為を現してゆくことは、これまで抱いてきた「正論」の傾きを超えて、本当にあなたが問題と一つになってゆく上でも、また、あなたの提案には「正論」に止まらない有効性があることを証明する上でも、きっと大きな力を発揮《はっき》するでしょう。

そしてさらに、会社全体での取り組みをどのようにすればよいのか、それを進めるために、ウイズダム（二二二頁、ＢＯＸ12参照）への取り組みをお勧めします。ここでは詳《くわ》しくお伝えできませんが、あなたが本当に願っている状態＝「光転の果報《かほう》（滅《めつ》）」を明らかにして、現在あなたが置かれている状況＝「暗転《あんてん》の果報」に対して、その願いを具現《ぐげん》するために、暗転した現実を生み出した原因を見つめ、それを転換する歩みを考える方法です。ウイズダムの神髄《しんずい》は、第一に自分が本心から願っている現実（滅）を明らかにすること、第二にそれに比して暗転している事態の原因の中心に自分を置くという点にあります。

私たちは、私たちが抱《かか》える問題に対して無力なのではありません。すべきこと、できることがまだ残っています。それは、まず、私たち自身が変わることから始まってゆきます。「私にできることは何か」、この問いかけを続けて、あなたにも新しい未来をつくっていっていただきたいと思います。

16 突然、左遷《させん》の憂《う》き目に遭《あ》って……

大手企業本社の中間管理職だった私は、部下の失敗の責任を取らされて、花形の部から地方の支社へ転任しなければならなくなりました。左遷です。配属先の職場には問題が山積《さんせき》しているとも聞きます。毎日、心が重く、いっそ、思い切って辞めてしまって転職しようかとも考えているこの頃ですが、あてがあるわけではなく、どうしたらいいか悩んでいます。

（四十六歳男性・会社員）

試練や逆境《ぎゃっきょう》にあるときにこそ、あなたの真価《しんか》が問われる

大手企業本社の中間管理職として、花形の部で勤めてこられたあなたにしてみれば、支社への転任は、部下の失敗の責任を取らされてのものとは言っても、予想を超えた人事だったに違いありません。きっとこれまでは比較的順風満帆《じゅんぷうまんぱん》の人生を過ごしてこられたのでしょうから、相当な衝撃《しょうげき》を受けられたとしても当然のことと思います。あなたは今、これまで味わったことのないつらい想いを体験しておられるのでしょう。

その上、転任先には多くの問題が山積しているとのこと、考えただけでも、重い気持ちになるのも無理のないことです。

人生は山あり谷ありです。試練や逆境の時は必ずあります。その試練や逆境に一つずつ向き合うことが私たちの人生であると言っても過言《かごん》ではないでしょう。

しかし、そのことは分かっていても、問題や困難が降りかかると、逃げたくなったり、誰《だれ》かを責めたくなったりするものです。もしあなたがそうなっているなら、まずその気持ちを一旦脇《わき》に置いて、現実をしっかりと引き受けることが大切です。この出来事は他の誰でもなく、自分に降りかかったものであると引き受け、自分と出来事をつないだときに初めて見えてくる道というものがあるからです。

そして、心に置いていただきたいことは、あなたを取り巻くその事態がいつまでも続くとは限らないということです。事態は常に変化してゆきます。状況は確かに厳《きび》しいと思いますが、転任を招いた原因群の幾《いく》つかが改善されるなら、事態が光転《こうてん》してゆくこともあり得ます。

ただ、試練や逆境は、常に避《さ》けるべきものとしてあるのではないと思います。すべての現実には、いきさつの奥に隠《かく》された意味があります。試練のときにこそ、その人の真価が問われ、そのときにしか発見できないことがある。その意味では、試練や逆境の中にあるときは、かつての延長線上では決して見出《みいだ》すことのできなかった新しい自分になれるチャンスでもあるということです。

感情の脚本《きゃくほん》を見破り、「私が変わります」で現実に体当たりすることから

ここでは、一時期、あなたと同じような境遇にあった、ある男性の取り組みを少しご紹介したいと思います。大手銀行で融資《ゆうし》業務を担当されている伊藤剛彦《たけひこ》さん（仮名）は、バブル景気の時代、「先行投資《せんこうとうし》だ」との掛《か》け声のもと、無理な融資を繰《く》り返そうとする社会の流れにどうしても納得がゆかず、自らの信念のままに慎重《しんちょう》に検討を重ねてゆかれたと言います。しかしそれでは、他行《たこう》はもちろん、行内の同僚《どうりょう》に比べても融資額は伸び悩む一方で、結局は左遷に近い転任を言い渡されてしまったのでした。しかも、その新しい部署の上司は、同じ大学出身の後輩でした。

入社成績がトップだった伊藤さんにとって、その転任はどれほど屈辱《くつじょく》的なことだったでしょう。

当時の心境を伊藤さんは次のように述懐《じゅっかい》しています。「『分かってくれない、何をした

ってもう駄目《だめ》だ』と、不安と恐怖の「感情の脚本」（一〇三頁、BOX5参照）を書き連ね、『俺のサラリーマン人生も終わりだ』と隠居《いんきょ》するような気持ちになっていた」と。

私が伊藤さんに出会ったのは、ちょうどそのようなときでした。伊藤さんは私の助言に応《こた》え、自分がなぜそんなふうにしか思えないのか、まず自身の人生を振り返ってゆくことから取り組んでゆかれました。

地方の名家の出である父親から、「学歴社会で勝ち抜いてゆけ」との人生教訓を叩《たた》き込まれて育ったこと。大きな商家の長女だった母親からは、「あんたはいい子」と手放しに可愛がられ、両親のもと、いつもプレッシャーを感じてきたこと。「期待に応えてちゃんとやらなければならない。失敗したら終わり」と苦《く》・衰退《すいたい》の「恐怖―逃避」の心の回路と、人に対して上から見て関わる傾向のある快《かい》・暴流《ぼうりゅう》の「優位―支配／差別」の心の回路をつくってきたことに気づいてゆかれたのでした（一五九頁、BOX7参照）。

そして、私が講義の中で行った音叉《おんさ》の実験（二つの音叉を並べ、一方の音叉を叩いて響《ひび》かせると、その音叉を止めても、もう一つの音叉が共鳴《きょうめい》する）――「指導原理《しどうげんり》」（宇宙に遍《あまね》く存在し、一切の存在を生かし、宇宙の意志と一つに響き合う方向へと導《みちび》き続けている原理）と共振《きょうしん》することの大切さを伝えたその内容に、自らが指導原理に響いているならば、銀行の方々にも自分の考え方はきっと伝わるはずだと伊藤さんは想いを定《さだ》められたのでした。そして、それまでの自分と訣別《けつべつ》するように、まずは「私が変わります」と、今の仕事に体当たりで応えることから始められました。そのときすでにバブル経済は崩壊し、不良《ふりょう》債権処理《さいけんしょり》が各銀行にとって最大の問題となっていました。

かつて自分が疑問を持った無理な融資の結果である不良債権。その処理を担当することになった伊藤さんは、中小企業へ出向くときも、それまでとはまったく姿勢が変わっていました。銀行側の立場による高圧的な快・暴流の「優位―支配／差別」の心の回路でもなく、そして、気が進まない苦・衰退の「否定―鈍重」の回路でもなく、一人の人間として「絶対にあなたの尊厳を傷つけません」という「畏敬《いけい》」を抱き、「最低限、生きる道は考えましょう」と必ず最善を導く道があることを信じて、出会いを重ねてゆかれたのです。

そうした愚直《ぐちょく》なまでの誠実な取り組みの結果、他の方では解決できないような仕事上の難題にも道がつき、上司や同僚からは「何か秘訣《ひけつ》やノウハウがあるのか」と尋《たず》ねられるほどになったと言います。

そして、伊藤さんは自分の感情の脚本を見破り、心の回路――受発色《じゅはっしき》を転換してゆく中で、厳しい状況にある中小企業に道をつけてゆくという、本当に果たしたかった人生の仕事をすることができたのです。

新しい自分、新しい人生の発見へのチャンスとして

あなたの場合も、こう考えてみてはいかがでしょうか。「今抱《かか》えている事態には新しい明日に向かう『呼びかけ』が響いているのだ」と。今、訪れている試練や逆境は、必ず何かを私に呼びかけているということ。新しい生き方、新しいライフスタイル、新しい人との関わりなど、今何か気づき、変革しなければならない時が来ている、と。

新しい自分の発見、新しい人生の発見。それらは常に、試練に向かい合って、感情の脚本から脱し、「私が変わります」を実践することから始まります。そして、「変わろう！」とあなたが切実《せつじつ》に思うとき、そこにはもう古い自分を脱《ぬ》ぎ捨てられるだけの、人生全体を支える魂の力との確かなパイプが生まれているのです。今回の試練を通して、ぜひあなたにとっての答えを探していっていただきたいと思います。

17 担任をしているクラスが混乱し、教員としてなす術《すべ》が見出《みいだ》せず途方《とほう》に暮《く》れています

念願叶《ねんがんかな》って中学校の教員となり、クラス担任も任《まか》されました。しかし、制服の違反《いはん》やいじめ、登校拒否などが後を絶たず、授業中も私語《しご》が飛び交《か》い、席を立ち教室を出ていってしまう生徒も現れ、混乱状態に陥《おちい》ってしまいました。教頭からは「あなたを学級担任にしたのは失敗でした」と言われ、自分でも「本当は教師には向いていないのではないか」と悩み始めています。

（二十三歳男性・中学校教諭）

必ず、最善を導《みちび》く道があることを心に置いて下さい

希望に胸を膨《ふく》らませて教壇《きょうだん》に立ったあなただけに、担当クラスが混乱した衝撃《しょうげき》は言葉に表せないほどのものがあったことでしょう。根本的な解決がつかず、混乱状態が続いていれば、心も重くなる一方ではないでしょうか。朝、目覚めたときに「今日も学校に行かなければならないのか……。休めないかな」という気持ちがよぎったり、また、企業への就職ではなく、教職《きょうしょく》の道をあえて選び取ったことへの疑問が頭をもたげて「自分は教師には

向いていないのではないか」という考えが、日ごと大きくなっているとしても無理はありません。

しかし、ここで落ち着いて、事態を受けとめていただきたいのです。そしてそのとき、心の中心に置いていただきたいことがあります。

それは、「必ず、最善を導く道はある」ということです（一〇二頁、BOX4参照）。

もともとのあなたの願いを思い出して下さい。あなたはなぜ、教職という仕事を選ばれたのでしょう。その仕事を選ぶことをいつ決心されたのでしょうか。それには、何か特別な思い入れがあったのではないでしょうか。

あなたの中に今もなお、子どもたちに対する愛情があり、そして教師を辞めるほどの覚《かく》悟《ご》があるのなら、あなたにはまだ今ここですべきことがあります。今からできることがあります。クラスの生徒たちに対して、本心から向かい合うこともできるでしょう。自分自身の教育にかける想い、一人ひとりへの想いを、真っすぐに伝えることもできるでしょう。ニヒルだと言われる現代の子どもたちでも、効果を度外視《どがいし》した真剣な態度に響《ひび》く心を持たないわけではありません。

「あなたを学級担任にしたのは失敗でした」という教頭先生のお言葉は、教頭先生としてあなたの奮起《ふんき》を促《うなが》したものと受けとめておきましょう。

もちろん、昨日と同じように今日を生き、今日と同じように明日を生きるならば、何年待っても結果は明らかかもしれません。しかし、日々学校で体験する出会いや出来事に対して、「私が変わります」との心構えで、自らの想いと行いを常に新たにしてゆく志《こころざし》があるならば、まだ、結論を出すのは早過ぎます。

自分のできることをまずやってみる。やり尽《つ》くしてみる。辞めることを考えるのは、それからでも十分間に合うはずです。

今あなたは教師になりゆく道についたばかり

人は出会いによって人となる。そして人は試練の中で大きく成長する——。

これは、多くの人生に関わらせていただいてきた私の確信です。教員免許を取得し、教壇に立ったからといって、あなたはまだ本当の意味で「教師」になったわけではありません。教師になってゆく歩みがようやく始まったということです。つまり、今あなたは教師になりゆく道についたばかりだということを心に置いていただきたいのです。

多くの子どもたちの魂と人生に直接関わり、その道のりになにがしかの影響を与えてゆく仕事は、底の浅いものではないでしょう。人と関わることとは、取り組むべき課題をもたらされることであり、その道のりには、今あなたが直面されているように、様々な試練があるはずです。

そうした試練と出会ったとき、人は新たな自分として生きることを促されるのではないでしょうか。試練とは、それまでと同じ生き方ではもう生きられないことを呼びかける壁であり、障害です。こうした、幾《いく》つもの試練と出会って、私たち人間は自らを新しく生きて成長を果たしてゆくのです。

あなたにとって、これまで当然のように思ってきた「生徒は教師の言うことを聞くもの」という考えは、もう確固《かっこ》たるものではなくなっているでしょう。生徒に話を聞いてもらうにはそのための心と方法が必要。何事も当然ということはないのだ――。その変化は、あなたが世界の真実に近づいたことのしるしだと私は思うのです。

子どもたちの中に眠る可能性を引き出してあげたい――あなたの中の願いを基に

大切なことは、今あなたがどのような想いを胸に現実に向かい合っているのか、どのような願いを抱《いだ》き、それをどのように果たそうとしているのかということだと思います。

あなたが日々接している子どもたち――。あなたに圧迫を与えている子どもたちも、のびのびと思うがままに行動しているとは限りません。混迷《こんめい》し閉塞感《へいそくかん》に覆《おお》われた時代の中で、自らの中に眠る可能性にも気づけず、満たされぬ想いを抱きながら時間を空費《くうひ》している少年少女でもあるのです。複雑な家庭環境に育ち、愛を注《そそ》がれた経験がないがゆえに、人を愛するということが分からずにいる生徒もいることでしょう。恵《めぐ》まれた家庭の中にあっても自分の居場所《いばしょ》を見出せない生徒もあるでしょう。

つまり、人として成長し生きてゆくことだけでも困難な時代に子どもたちは生きているのです。そのような世界に生きている一人ひとりの中から、本来誰《だれ》もが抱いているかけがえのない個性、可能性を引き出してあげたい――。数ある職業の中から教職の道を選んだあなたの中には、そのような願いがあるのではないでしょうか。

だとすれば、学級の混乱は、あなたが教師に向いていないから起きたのではありません。それは、この世界にあって、いつ、どこで生じても不思議でない現象《げんしょう》であり、あなたが教師として立ちたいと願った今日の教育現場の現実そのものだということです。ならばそれは、あなたが教師として果たそうとしている願いを成就《じょうじゅ》する上で、必要な心の力・受発色《じゅはつしき》（一五九頁、ＢＯＸ７参照）の力を育むためにどうしても通過しなければならない関門、試練として現れたということなのではないでしょうか。

「私が変わります」が最善を導く道の入口です

あなたがこの試練に応《こた》え、最善を導く一すじの道を辿《たど》ってゆく唯一《ゆいいつ》の入り口——。それは、「私が変わります」という心構えで、自らの想いと行いの変革に向かうことです。私たちが主導権《しゅどうけん》を持っているのは、自らの想いと行いにおいてだけであり、それ以外のものを直接変えることは基本的には不可能だからです。

つまり、「学級の混乱を転換したい。授業中の私語をやめさせたい」と考えても思考は空回《からまわ》りするだけなのです。主導権の外を変えようとしているからです。

しかし、「どのような授業を、どのように進めてゆけば、授業を聞いてくれる生徒が増えてゆくだろうか」ということは主導権の中にあるテーマです。そのための具体的な方法について、体験談に学んだりすることも大切かもしれません。けれどもまず、同僚《どうりょう》であり先輩である先生方にアドバイスを求めることが大きな力になるのではないでしょうか。そして、そうすること自体が、すでにあなたにとっての「私が変わります」となるように思うのです。

最後に、一人の男性教師の歩みを、ご紹介したいと思います。その方はかつて、今のあなたと同様に学級崩壊《ほうかい》の危機に見舞《みま》われました。どうにもならない現実に一時はかなり落ち込み、あきらめかけていたのですが、この方にとって大きな転換点となったのは、主導権の外ばかり変えようとして、肝心《かんじん》の自分自身をまったく変えようとしていないことにはたと気づいたことでした。

自らの想いと行いを変革するしかないと知ったその方は、まず、小著『祈りのみち』にある「縁友《えんゆう》への祈り」で、毎朝、学級の生徒一人ひとりの名前を呼んで祈りの時を持たれました。「○○さん。あなたに巡《めぐ》り合えたことを何よりも歓びとして祈ります。わたくしたちの友情を導いてください。わたくしは共に互いに心から語り合い、助け合い、尊敬し合います。絶えず、より深い一致に心を向けてゆきます。わが友に光を与えてください。わが友がいかなる時と場にあろうと変わることなく真《まこと》を求め、まごころを尽くして歩み続けることができるように支えてください」――。心に重心をつくり、これまでの関わりの経緯《けいい》を超えて、まさにこの祈り心のままに毎日新たな想いで生徒と出会う中で、関わりが変化してゆきました。

不登校の子どもの家に毎日通い続け、ときには食事の準備もして関わっていった結果、無事卒業できるようになったり、全員で取り組んだ合唱コンクールで入賞したその方のクラスは、最後は本当に心が一つになり、涙々の卒業式を迎えることができるようになるなど、目覚ましい変化を遂《と》げることができたのです。今、その方は、そのときに育んだ境地と智慧《ちえ》をもって部活動の活性化などにも力を発揮《はっき》されています。数年経《た》った今でも毎朝の祈りは続けているそうです。

あなたの心の中心にはっきりと願いの重心を定《さだ》め、具体的に生徒たちに関わってゆけば、そのような未来につながる道が必ず開けることを信じて下さい。

18 会社の資金繰《しきんぐ》りが厳《きび》しく、打開策が見出《みいだ》せません

食品加工会社を経営しています。以前は工場を拡大した分だけ受注《じゅちゅう》があり勢いがあったのですが、バブル崩壊《ほうかい》以後、逆に過剰《かじょう》な設備投資が足かせになり負債《ふさい》が膨《ふく》らみ続けました。厳しい資金繰りが続き、まったく打開策が見出せないまま、ついに銀行も手形を割り引いてくれなくなり、融資《ゆうし》も断《ことわ》られる状態になりました。

（五十歳男性・会社経営）

あの試練のおかげと言える日が必ず訪れます

私が出会わせていただいた方に、辻本昌雄《まさお》さん（仮名）という中小企業の経営者がいらっしゃいます。

辻本さんは、貧しい幼少時代を送り、お金持ちになることを夢見て、婦人服製造販売の会社を設立。当初はとんとん拍子《ひょうし》でしたが、次第《しだい》に経営状況は悪化し、ついに、十数億の総売上に対して、その十二％にも相当する赤字が生じ、借り入れも不可能という状況に追い込まれました。

何とか建て直しの道はないかと思案される中、ＴＬ《トータルライフ》人間学※注の研鑽《けんさん》の場に参加されるようになった辻本さんは、今まで、未来をどうしてゆきたいか、何を大切にしてゆきたいかということを考えてこなかったことに気づかれ、それまでの自分を振り返り始めました。その頃、やはりＴＬ人間学を学んでいた税理士の方が、足繁《あししげ》く来られて相談に乗って下さっていました。当初、辻本さんはこの方に対して随分暇《ずいぶんひま》な人だと思っておられたのですが、聞くと多忙極《たぼうきわ》まりない中、何とか力になろうと赴《おもむ》いて下さっていたことを知りました。それまでの自分の感覚からは考えられない、損得《そんとく》を顧《かえり》みないそのすがすがしい姿に大きな衝撃《しょうげき》を受け、辻本さんは、自分の生き方を見直し、「私が変わります」を徹底して生きる決意を固められたのです。

「今まで私は自分を守ることばかり考えていた。これからは、社員を守ることを何よりも大切にして、すべてを自分のせいと考えて、他人《ひと》のせいにはしません」「今まで他人の意見に耳を貸さなかった。これからは、皆さんから言われたことを先にやらせていただきます」と社員の方々に宣言。さらに、育ち盛りの子を持つ多くの社員こそ何かと入り用だろうと、ひそかにご自身の給与を最も低く設定されたのでした。

やがて、社員との関わりが変わり、皆いきいきとし始めました。何度か訪れた資金繰りの危機の折にも、その会社の実情と社長の心意気を知って、支払いの繰り延《の》べに応じて下さる取引先が現れ、業績は次第に回復。そして、ついには会社の歴史三十五年の中で、過去最高の中間決算を出すまでになったのです。お金持ちになりたくて社長になった辻本さんが、今は、社員の方々に利益を還元《かんげん》できることを心の底から喜ばれています。

もちろん、すべての会社がそのような回復の道すじを示すとは限らないでしょう。心を尽《つ》くし手を尽くしても、経営に行き詰《づ》まるということもあるからです。事実、私は倒産の危機に見舞《みま》われた多くの経営者の方々ともお会いしてきましたが、その中には、辻本さんのように危機を脱した方もいれば、やむなく会社を閉じられた方もいらっしゃいます。

けれども、確かなことが一つあります。それは、あなたが直面している危機がどれほどの試練であっても、今ここからの歩み方次第で、「あの試練のおかげで、本当の人生に出会えた」と語れる日が必ず来るということです。

その人に超えられない試練が与えられることは決してありません。それを信じて、今、あなたが直面している試練からの呼びかけに耳を傾《かたむ》けていただきたいのです（試練に対してより本格的に立ち向かうには、ぜひ「ウイズダム」に取り組んでいただきたいと思います。二二二頁、ＢＯＸ12参照）。

会社を閉めるにも閉め方があります

辻本さんとは対照的に、数百名の社員を擁《よう》する会社経営者の長男として何不自由なく育った西山一朗さん（仮名）は、二十四歳のとき、お父様の急逝《きゅうせい》により社長を継《つ》がれることになりました。早くから地域の青年会議所の活動にも力を注《そそ》ぎ、三十代後半で理事長までになった西山さんは、社交的で気《き》っ風《ぷ》もよく、「兄貴《あにき》、兄貴」と慕《した》われ、若い経営者の憧《あこが》れの的《まと》でした。

しかしやがて、会社の業績が悪化。それでも、恵《めぐ》まれた生い立ちゆえに、仕事にも会社にも社員にも曰《いわ》く言い難《がた》い距離感を感じ、切実《せつじつ》さを抱《いだ》けなかった西山さんは、とりあえず足りないお金を借りてくるだけで、本当の原因を突き止めることもまったくしなかったと言います。業界再編の波に呑《の》まれ、同業他社が相次《あいつ》いで倒産してゆく中、私は西山さんと出会いました。そしてこうお話しさせていただきました。「会社を閉めるにも、閉め方がありますよ。智慧《ちえ》のある閉め方、勇気のある閉め方が。……西山さん、『親の魂』になりましょうよ」。自己実現を超えて、他人への同伴、お世話に充実を感じ、現実にそう生きられる智慧を育んだ境地を、私は「親の魂」と呼んできました（三九頁、BOX2参照）。このような危機を人生から与えられた西山さんだからこそ、私は「親の魂」になっていただかなくてはと願ったのです。

かつては「社員は自分の持ち物」と考え、人を動かすばかりだった西山さんは、誠実な閉め方を心に置いて最善を尽くそうと、自ら東奔西走《とうほんせいそう》されるようになります。財務や労務の事務作業もご自身でこなし、これまでのプライドを砕《くだ》いて、取引先や銀行に頭を下げて回る日々が続きました。そして何よりも、社員とその家族の生活を守りたい一心で、社員の方々お一人お一人の再就職先を探し、受け入れをお願いして回られたのでした。

会社の規模はすっかり小さくなり、今も試練は続いています。しかし、かつてどうしても仕事も会社も社員も愛せなかった西山さんが、今では、賞与も出せない中であっても、朝早くから夜遅くまで一生懸命に働いてくれる社員の想いを心から有難いと感じ、会社、社員と一つになって歩めることに充実を感じることができるようになったのです。

新たな一歩を——「親の魂」となるとき

一見異なるケースに見える辻本さんと西山さんの共通点——。それは、お二人の中で「社長」の意味がまったく変わってしまったということではないでしょうか。

社長としての責務《せきむ》を果たすためにも、実は社長である前に一人の人間として、何を最も大切にして生きるのか――。そのためにこれからどう歩むのか、今ここからすべきことは何か――。その原点に立ち還《かえ》ることができたということです。「あれもこれも」は選べない状況の中で、お二人は事態からそう問われていることを受けとめ、応《こた》えてゆかれました。それは、自らの利益や自己実現だけを追求する社長から、従業員、取引先、顧客《こきゃく》、株主のすべてが輝《かがや》くための縁《えん》の下の力持ちとなる社長への転換ということだったと思うのです。目的としての社長から、本当に大切にすべきものを大切にする人生を送るための手段の一つ、条件としての社長への転換――。言葉を換えるなら、お二人は、まさに「親の魂」となる新たな一歩を踏み出されたと言えるでしょう。

あなたにも、同じように呼びかけが届いているのではないでしょうか。あなたもまた、新たな一歩を踏み出す時が実は来ているように思うのです。あなた自身が、会社の経営を担《にな》った本当の意味。会社を興《おこ》した理由――。その奥にあった本当の願いは一体何だったのか。ぜひ、心静かにご自身に「この人生で最も大切にしたいことは何か」「そのためにはここからどう歩むべきか」と問いかけてみて下さい。そして呼び起こされた想いを、頭の中にとどめず、目で確かめられるように紙の上に書き出してみてはいかがでしょうか。自分自身の想いが整理されたとき、きっと、そこには、「親の魂」への促《うなが》しが隠れているように思うのです。そして今後も経営を続けるべきか否《いな》かという二者択一《にしゃたくいつ》の次元を超えて、具体的に、今しなければならないことが見えてくるでしょう。

危機の原因を、あえて自らの想いと行いに見出してゆきましょう

そしてもう一つ大切なこと――。それは、あなたがこの危機を本当の意味で引き受けるということではないでしょうか。引き受けるということは、この危機の原因を自分の中に見出してゆくことです。

大きな問題が起こったとき、私たちはその原因を外に見がちです。その圧迫が大きければ大きいほどそうならざるを得ないということでしょう。現在の負債の状況に対して、あなたが自然に考えてきたことも、不況や取引先や社員のせいにすることではなかったでしょうか。常識的に考えても、景気が悪ければ事業には大きな影響があります。その景気の動向は不可抗力《ふかこうりょく》と考えても仕方ありません。確かにそのような理由はあると思います。

しかしそうだとしても、今ここでは、あなたの会社の状況の原因を、あえて自らの想いと行いに見出していただきたいということなのです。

「事前に手を打っておけることがあったのではないか。気づくべきことがあったのでは

ないか。皆にもっと協力を求めることもできたかもしれない。もっと早い時期に改めるべきことがあったのではないか……」。そのような後悔《こうかい》を見出せない人はいないでしょう。そして、そのようなこれまでの現実が「この人生で最も大切にしたいこと」を結果的に損《そこ》なってきたことに向かい合っていただきたいのです。

自分の足りない点を見つめるからといって、それは、少しも消極的な生き方ではありません。むしろ積極的な生き方だと私は思います。なぜなら、問題の原因を外にばかり見出すことは、実は、その事態を自分ではどうすることもできないと言っていることに等しいからです。そのような無力感を無意識に強めてしまうということです。それに対し、問題の原因を自らに見出すことは、自分にはそれを改善するチャンスがあったと、事態に対する自らの影響力を確認して、主導権《しゅどうけん》を取り戻すことにつながります。

自分自身の本当の主導権を発見して、今からでも事態の改善のために取り組めることに応えること――。そうすれば、事態の見え方が変わって新しい解決の道が見えてくる。それが事態に対する後悔を確かめ、その原因を自分に引き受けることの積極的な意味なのです。

人に頭を下げることが西山さんにとってプライドを捨てることだったように、事態と本当に向き合ったとき、「私が変わります」を生きることを求められるでしょう。しかし、人は「私が変わります」というあなたの姿にこそ、希望を見出すものなのです。

辻本さんや西山さんの場合もまさにそうでした。思いがけない協力者が現れたのも、まさにそのようなときです。

もちろん、事態の呼びかけを聞き、「私が変わります」を生きたからと言って、単純に危機を脱することができるというわけではありません。しかし、そう生きなければ、危機を脱することは絶対にできません。そしてたとえ、結果的には会社は閉じることになるとしても、今そのように、事態と向かい合うことが、何よりも大切であると私には思えます。なぜなら、苦境の中で見出した生き方こそ、今後のあなたの人生を本当に輝《かがや》かせるものであることを信じて疑わないからです。

あなたにとって、大切な人生の道が開かれますことを心よりお祈りします。「あの試練があったからこそ今の私がある」、そう語ることができる未来がきっと訪れることを期して――。

※注「TL（トータルライフ）人間学」――現代社会の中で人間が見失ってしまった絆《きずな》（人と人、人と自然、人と社会、自分と人生、心と身体などを結ぶ目に見えないつながり）を知り、その恢復《かいふく》に努め、応えてゆく道を示す。著者が提唱する永遠の生命観に基づく人間学。

19

親の後を継《つ》いで社長に就任《しゅうにん》したのですが、年輩《ねんぱい》の社員たちが私の言うことを聞き入れてくれません

昨年父が亡くなり、創業して六十年余りになる中小企業の三代目として社長を継ぎました。大学卒業後しばらくは、同業の大手に勤務し、五年前に今の会社に入りました。売り上げが年々下がっているため、様々な見直しを進めてゆかなければならないのですが、何か新しいことをやろうとすると、父の右腕だった部長をはじめ、年輩の社員たちがすぐに異《い》を唱《とな》え、私の言うことは聞き入れてもらえません。そんな状態に怒りとストレスを感じています。

（三十一歳男性・会社経営）

あなたの怒りとストレスの正体とは何でしょう？

会社に入ってからわずか四年、三十歳という若さで、突然父親の後継者として、社長になられたとのこと。その条件だけでも、あなたが苦しい立場に置かれざるを得ないことが

推察《すいさつ》されます。しかも、会社の経営状態が思わしくなく、改革をしようとしても、年輩の社員たちには協力をしてもらえない……。経験したことのない試練の壁を前にして、あなたがストレスを感じてしまうのも無理のないことだと思います。

まず、あなたが今、感じておられる怒りやストレスは一体どこから来ているのかを見つめてみましょう。

「このままでは会社が駄目《だめ》になってしまう」という切実感《せつじつかん》でしょうか。それとも、社長として認められていない情けなさでしょうか。思い通りにならないことに対する苛立《いらだ》ちでしょうか。あるいは「従来のやり方を変えたくない理由が何かあるのではないか」といった年輩の社員に対する猜疑心《さいぎしん》でしょうか。

ここで、確かめておきたいことは、同じような試練の中にある社長はあなただけではないということです。なぜなら、あなたが今直面している困難な状況は、ただ単にあなたの社長としての力量《りきりょう》や社員の人間性の問題によるものとは言えないもので、子どもが親の後を継いだり、妻が夫の後を継いで社長に就任するような、リーダーの転換という事態において、必ずと言ってよいほど起こる、半《なか》ば構造的な問題であると言えるからです。

ですから、こうした軋轢《あつれき》の中で、一人前の社長として早く認められるようにと、新規事業を立ち上げるなど、自分の力量をただ示そうと焦《あせ》るのは禁物《きんもつ》であり、またその必要もありません。まして、社員に対する猜疑心を募《つの》らせ、従来のシステムや原則にことごとく不信のまなざしを向けることは、かえって問題を大きくしたりこじらせてゆく原因となります。

三つの「ち」に鍵《かぎ》があります

今、あなたが直面している試練を理解する鍵は「三つの『ち』」にあります。三つの「ち」とは「血」「地」「知」のことで、人の心のはたらきである受発色《じゅはつしき》（「受」＝受信の仕方、「発」＝発信の仕方、「色」＝それによって生じる現実。一五九頁、BOX7参照）の形成に大きな影響を与える条件づけを、三つの系列で捉《とら》えたまなざしです。「血」とは両親から流れ込む肉体的な条件や、ものの見方・考え方、人間観・世界観などを言い、「地」は生まれ育った土地の風土や慣習、会社や業界の風土など。そして「知」は時代や社会から流れ込む、教育や知識、価値観などを指します。

そのまなざしで見れば、経営者を父親に持って育ったあなたの三つの「ち」と、先代の社長の下でサラリーマンとして歩んできた社員の「ち」とは、かなり違っています。まず第一に、年齢の開きがかなりあることでしょう。そのことだけでも、時代・社会から受けている価値観も仕事観もまったく違うはずです。「働くとはこういうこと」「社長とはこういうもの」「利益とはこういうこと」「会社の目的とはこういうこと」といった一つ一つの定見《ていけん》についても、異なる考えを抱《いだ》いているでしょう。

また、例えば、あなたの中には、「社員は、父親に恩を感じているはず」「結局、会社のことを一番真剣に考えているのも、全体のことを把握《はあく》しているのも経営者」「年下か年上かにこだわるのは感情の問題。感情で職制上の秩序が乱れては困る」といった想いはありませんか。

ところが、従業員の方々は、おそらくそれとはかなり違う見方をしています。「先代はわれわれに支えられたと感謝されていた」「経営者は収入に蓄《たくわ》えがあるが、サラリーマンは仕事から締《し》め出されれば明日はない」「経営者は現場の状況を知らずに指示を出してくる」「社長とはいえ経験の浅い人の指示は危なっかしいし、偉そうに言われる筋合《すじあ》いはない」等々……。

どちらかが極端に不当な見方をしていたり、悪意を持ったりしているわけではなくても、立場の違いや生活環境の違いなどから、これだけ主張の相違が生じるのです。もしそこに、派閥《はばつ》があったり、内部の対立があったりすれば、お互いの利害も絡《から》むなど、もっと複雑な状況になります。つまり、新社長の就任という局面では、異なる三つの「ち」が突然出会うことになる上に、権力構造にも変化が生じるために、様々な軋轢が生じるのは必定《ひつじょう》なのです。

まず、この三つの「ち」の違いが様々な軋轢を生じさせているという現実に目を開き、自分とは違う三つの「ち」をよく理解してゆこうと心を定《さだ》めることが大切です。

「建前《たてまえ》」と「本音《ほんね》」の次元を突き抜けて「本心」の次元で出会うことへ

それでは、この三つの「ち」の軋轢をどう超えてゆけばよいのでしょうか。三つの「ち」が衝突し合う場では、どちらが正しいかを論じても決着がつかない一方、どちらも自分を守ることに重心があるため、人は、本当の意味で理解し、協力し合うことは難《むずか》しくなります。そこで往々《おうおう》にして、「建前」と「本音」の使い分けということが起こります。

しかし、「建前」では表面的に波風の立たない無難《ぶなん》な関わりを結べても、エネルギーが引き出されることは稀《まれ》です。一方、「本音」は、一時的に親密になった気持ちになりますが、概《がい》して批判的、露悪的《ろあくてき》であり、結果的にはむしろ相互に不信感を強めるという事態も招きかねません。つまり、「建前」と「本音」の使い分けでは、場は疲弊《ひへい》してしまうのです。

では、「建前」でも「本音」でもない関わり方はあるのでしょうか。

確かに、三つの「ち」は人の受発色に決定的な影響を与えており、人の性格そのものに見えるのですが、実際は、人の真の個性の極めて表面的な部分でしかありません。三つの「ち」の次元を突き抜けた魂の深奥《しんおう》には、自己への執着《しゅうちゃく》を超えて、自らの成長とともに、世界のために貢献《こうけん》することを希求《ききゅう》してやまない願いが、誰《だれ》の中にも内在しているのです。仏教では仏性《ぶっしょう》と呼ばれるその心を、私は、「本心」「魂願《こんがん》」などと呼んできました。他のために無私《むし》になってはたらくことに充実感を覚えたり、人生の意味を感じて、エネルギーが次々に湧《わ》いてきたという経験を、誰もが経験したことがあると思いますが、それが「本心」を生きている感覚です。

「建前」「本音」の次元を突き抜け「本心」を率直に語り生きるとき、人の「本心」は共振《きょうしん》し合い、三つの「ち」の違いを超えて、エネルギッシュに協力し合うことができるようになるのです。

今の試練があなたに呼びかけていること

特に二代目以降の方は、自分が社長になるのは幼い頃からの既定《きてい》路線だったという方や、周囲の要請《ようせい》に押され、自らの意志に反して継いだという方が少なくありません。つまり、社長就任に至った経緯を一度横に置いて、現在社長を担《にな》っている者として、改めて社長業に向けての本心、社長としての使命を原点から自分に問うてみたという方は意外と少ないということではないでしょうか。それが創業者ではない経営者の方が背負っている「ち」の一つです。社長のはたらきを通じて何を果たしたいのか、どう社会の役に立ちたいのか、社員の人生と営《いとな》みをどのようにして差し上げたいのか――。正論的な建前でも露悪的な本音でもなく、改めてそう自らの本心を問うてみることこそ、今の試練があなたに呼びかけていることだと思うのです。

すぐに答えは出せないでしょう。しかし、常にそう問い続けることが重要です。また、日々の歩みの中で、次のような心得をもって歩むことも有効であると思います。

まず、三つの「ち」の奥に、誰もが本心、仏性を抱いていると信じることです。それは、何でも善意に受けとめることではありません。相手が自分の立場や面子《めんつ》に固執《こしゅう》する原因となる三つの「ち」は厳然《げんぜん》として存在し、現実を生み出すからです。その三つの「ち」にはしっかりと対峙《たいじ》しつつも、そのことによって相手の存在や未来の可能性を切り捨てるのではなく、三つの「ち」のさらに奥にある相手の本心にはたらきかけることを大切にするのです。

同時に進めなければならないことは、自らの三つの「ち」を見取り、転換してゆくことです。例えば、ここでは詳《くわ》しく記せませんが、経営者の子として育った場合、その環境ゆえに、快《かい》・暴流《ぼうりゅう》の回路の一つである自分を人よりも「優位」に置く傾向（一五九頁、BOX7参照）を自然に抱いてしまっていることがよくあります。その「ち」を超えて、「畏《い》敬《けい》」の念を持って人と出会おうと心がけることは、同じ叱責《しっせき》をするのでも、相手の心に届くものがまったく違ってきます。それは今あなたが想像している以上に、本心の響《ひび》き合いに近づく確かな一歩となります。

そして、様々な問題や意見の対立があったときに、その原因を相手に見て責めるのではなく、まずは「あなたと私は同じ側に立って協力し合う同志である」という意識を持つことです。自他《じた》の本心を信じ、共に三つの「ち」を超えてゆこうとする心構えを持ち、「ぜひこの問題、対立を解決してゆきたい。私も変わるので、あなたもよろしくお願いします」という姿勢で相手と出会うのです。

中には、あなたがいかに本心を語り、生きても、心を開いて下さるまでに相当な時間と犠牲《ぎせい》を払わなければならないという方もいらっしゃるでしょう。また状況によっては、別の会社で働いていただくという選択《せんたく》もやむを得ない時もあります。ただ、そのときでも、あなたが自らの本心を意識化し、相手の本心を信じて関わることができるかどうかで、その後の展開は大きく違ってゆくものです。その意味でも、あなたにはぜひ、今の試練からの呼びかけに応《こた》え、自らの本心を尋《たず》ねていっていただきたいと思うのです。

【BOX6●問題解決の道のつけ方Ⅰ】内と外をつなぐ

何か問題が起こったとき、他人《ひと》のせいや事態のせいにすることができず、自分で引き受けざるを得ないと覚悟《かくご》を定《さだ》めたとしても、私たちは往々《おうおう》にして、「どうしたらその問題を解決できるか。ああしてはどうだろうか、こうしてはどうか……」と、問題解決のノウハウを求め、とにかく一刻も早く問題を解決しようと躍起《やっき》になります。

しかし、当たり前になっているこのような発想の仕方には大きな欠落があります。それは、自分の内側・心を、ほとんどまったくと言ってよいほど、軽視しているか無視しているという点です。「心が大切」と言えば、それは精神論で片づけられてしまい、問題を解決するには最も遠回りのやり方にしか思えないのが一般的なのではないでしょうか。

この発想の根幹《こんかん》には、「目に見えないものは信じない」という、実証主義に徹《てっ》した近代科学の合理精神が横たわっており、そう簡単には拭《ぬぐ》えないものがあるように感じます。しかしこの点にこそ、現代人が陥《おちい》っている大変な誤謬《ごびゅう》があると、私は思います。

実は私たちの内側にこそ、問題を起こしている根本原因があり、その内側を転換したとき、問題を解決してゆく智慧《ちえ》と力が溢《あふ》れてくる、というのが実相《じっそう》だからです。外側の力ばかりを引き出そうとしてきた私たちにとって、人間の心とは、未だ開拓《かいたく》されていない残された最後の資源であり、そこにこそ真に問題を解決する根本的な力が眠っているということです。

【BOX 6 ●問題解決の道のつけ方Ⅰ】内と外をつなぐ
【BOX 7 ●問題解決の道のつけ方Ⅱ】内を見つめる

「内と外をつなぐ」とは、まさしくこの人間の内に眠っている力を解放し、その力をもって問題の根本的解決に向かうということです。そして「内と外をつないで」生きることにこそ、私たち人間が人間である所以《ゆえん》があり、人間だけが抱《いだ》いている権能《けんのう》もそこにあるのです。内と外をつないで生きるとき、未だ体験したことのない想像を絶する力が発揮《はっき》されるのです。

その具体的なメソッド（方法）の一つが、ウイズダム（二二二頁、BOX12参照）です。現実に、内と外をつないで問題解決に向かったとき、思いも寄らない力がそこにはたらいて、まったく新しい問題解決の道がついたという事例は、枚挙《まいきょ》に暇《いとま》がありません。本書にもほんの少しですが、その道すじに触れていますので、その一端でも体験してみて下さい。

【BOX7●問題解決の道のつけ方Ⅱ】内を見つめる

問題を解決するための根本的な力がどこにあるかといえば、それは人間の内側・心であるということを、私は繰《く》り返し述べてきました。それは同時に、現状において次々に問題を起こしてしまっているのも、実は人間の心であるということを示しています。ですから、自分の心がどのような可能性を抱《いだ》き、テーマを抱《かか》えているのかを知ること、つまり「内を見つめる」ことが、問題解決に向かう上で、極《きわ》めて重要です。

その鍵は、人間の「受発色《じゅはっしき》」の中にあります（一六〇頁の図を参照）。

人間が生きるということは、出来事や事態を感じ・受けとめ、思い考え、行為して、その結果としての現実を生み出すということです。感じ・受けとめることは「受信」。思い考え、行為することは「発信」。そしてそこには必ず現実＝「色」が生じます。この受信→発信→現実という営《いとな》みを、私は「受発色」と呼んでいます。

私たちは日々、いや生まれてから死ぬまで、この受発色を数え切れないほど繰り返しているのです。人間が人生の中でしている営みは、すべてこの「受発色」であり、それ以外は何もしていないと言ってもよいでしょう。

一人ひとりの内には、無限の可能性があります。しかしそれを閉ざしているのも、また開花させるのも、その鍵《かぎ》はすべて受発色にあるのです。

一人ひとりが、自らの受発色に変革を起こし、真実の自己の受発色を現してゆくとき、本当の自分に出会うことができ、一人ひとりに与えられた真の個性、可能性が開花し始めるのです。

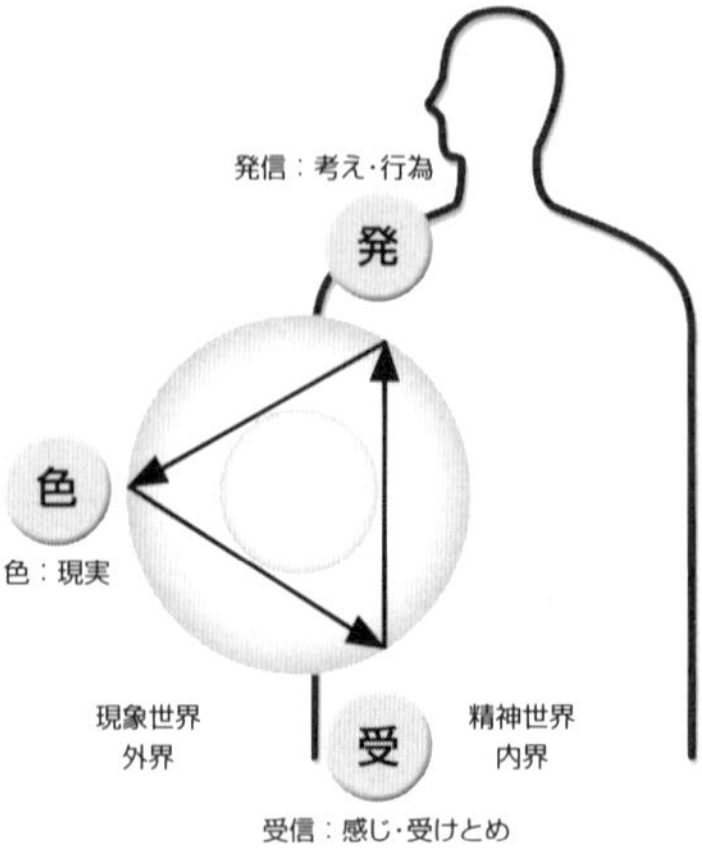

受発色

このことを私は、「受発色革命」と呼んでいます。

そしてこの「受発色」には、四つのタイプがあり、それぞれの個性とはたらきがあります（一六二〜一六三頁の図を参照）。それは、「快《かい》・暴流《ぼうりゅう》」「苦《く》・暴流《ぼうりゅう》」「苦《く》・衰退《すいたい》」「快《かい》・衰退《すいたい》」の四つです。その一つ一つについて、次に概略を見てゆきたいと思います（なお、自分がどのタイプに属するのかを知りたい方は、本書付録の自己診断チャートに取り組んでみて下さい）。

◎快・暴流

世界に対して、特に自分に対して肯定的《こうていてき》で「快」と受けとめることが多く、明るくエネルギッシュな人は、「快・暴流」の「自信家」の傾向を持っています。この傾向を持つ人は、自己過信から、他者に対して優位の気持ちで関わり、支配的になりがちです。また、望ましくない事態があっても自分の都合のいいように歪曲《わいきょく》して受け取ってしまいます。そして、自己中心的で興奮と手応《ごた》えを求めてゆく傾向が強いため、人一倍努力もし、頑張るわりには、孤立《こりつ》しがちです。

この快・暴流の人の中には、溢《あふ》れるエネルギーと、ヴィジョンを描いて何かを産み出したり、開拓《かいたく》し、創造する力が眠っています。

◎苦・暴流

世界や他人に対して否定的で、「苦」と受けとめることが多く、攻撃したり非難したりすることがよくある人は、概《おおむ》ね「苦・暴流」の「被害者」の傾向を抱いています。この傾向を持つ人は、怒りの感情に呑《の》み込まれやすく、自分は正しいのに周りの人間は分かってくれないと、理不尽《りふじん》な想いに駆《か》られることが多いのです。当然その人から発せられるピリピリとした雰囲気で、場は緊張し硬直《こうちょく》します。

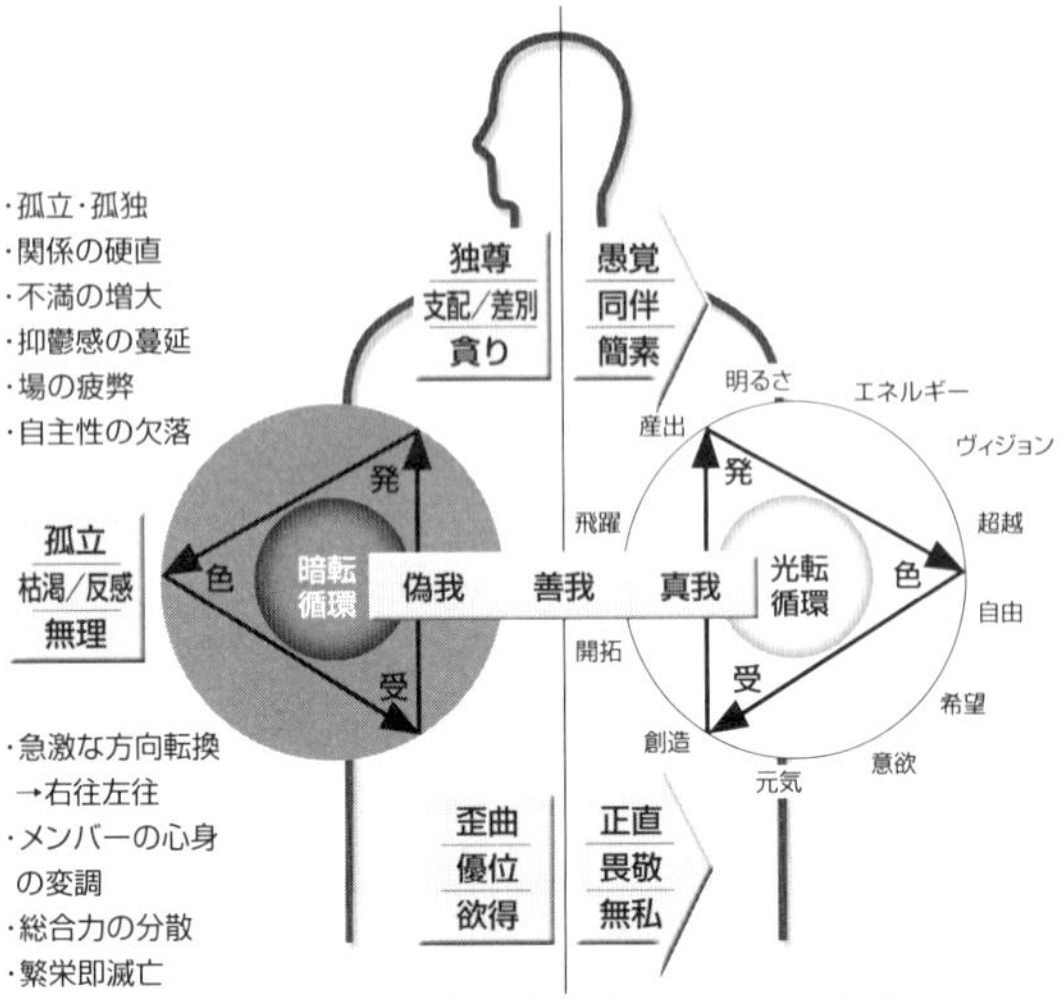
・孤立・孤独
・関係の硬直
・不満の増大
・抑鬱感の蔓延
・場の疲弊
・自主性の欠落
孤立
枯渇/反感
無理
・急激な方向転換
→右往左往
・メンバーの心身
の変調
・総合力の分散
・繁栄即滅亡
独尊
支配/差別
貪り
愚覚
同伴
簡素
歪曲
優位
欲得
正直
畏敬
無私
発
色
受
暗転
循環
偽我
善我
真我
光転
循環
明るさ
エネルギー
ヴィジョン
超越
自由
希望
意欲
元気
創造
開拓
飛躍
産出

快・暴流＝「自信家」の受発色革命

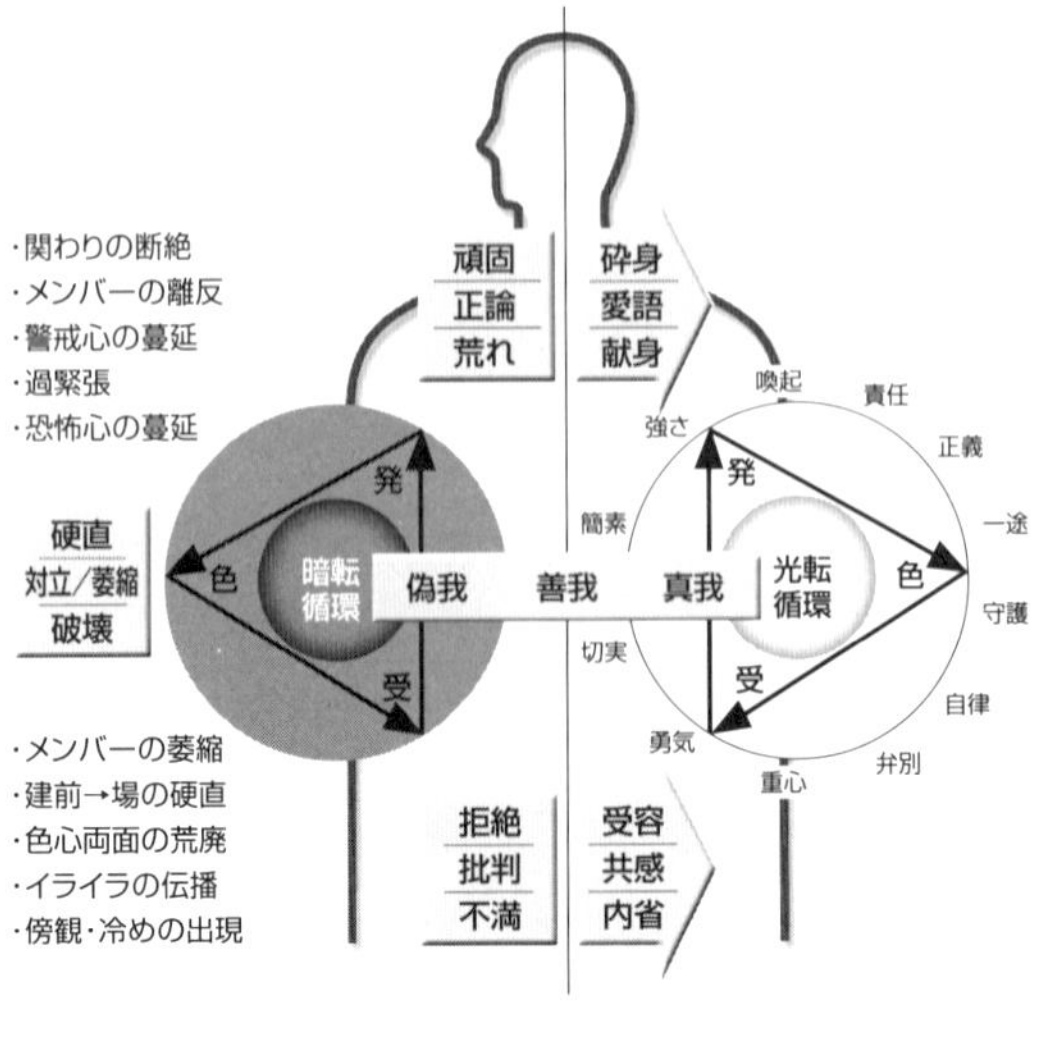
・関わりの断絶
・メンバーの離反
・警戒心の蔓延
・過緊張
・恐怖心の蔓延
硬直
対立/萎縮
破壊
・メンバーの萎縮
・建前→場の硬直
・色心両面の荒廃
・イライラの伝播
・傍観・冷めの出現
頑固
正論
荒れ
砕身
愛語
献身
拒絶
批判
不満
受容
共感
内省
発
色
受
暗転
循環
偽我
善我
真我
光転
循環
喚起
責任
正義
一途
守護
自律
弁別
重心
勇気
切実
簡素
強さ

苦・暴流＝「被害者」の受発色革命

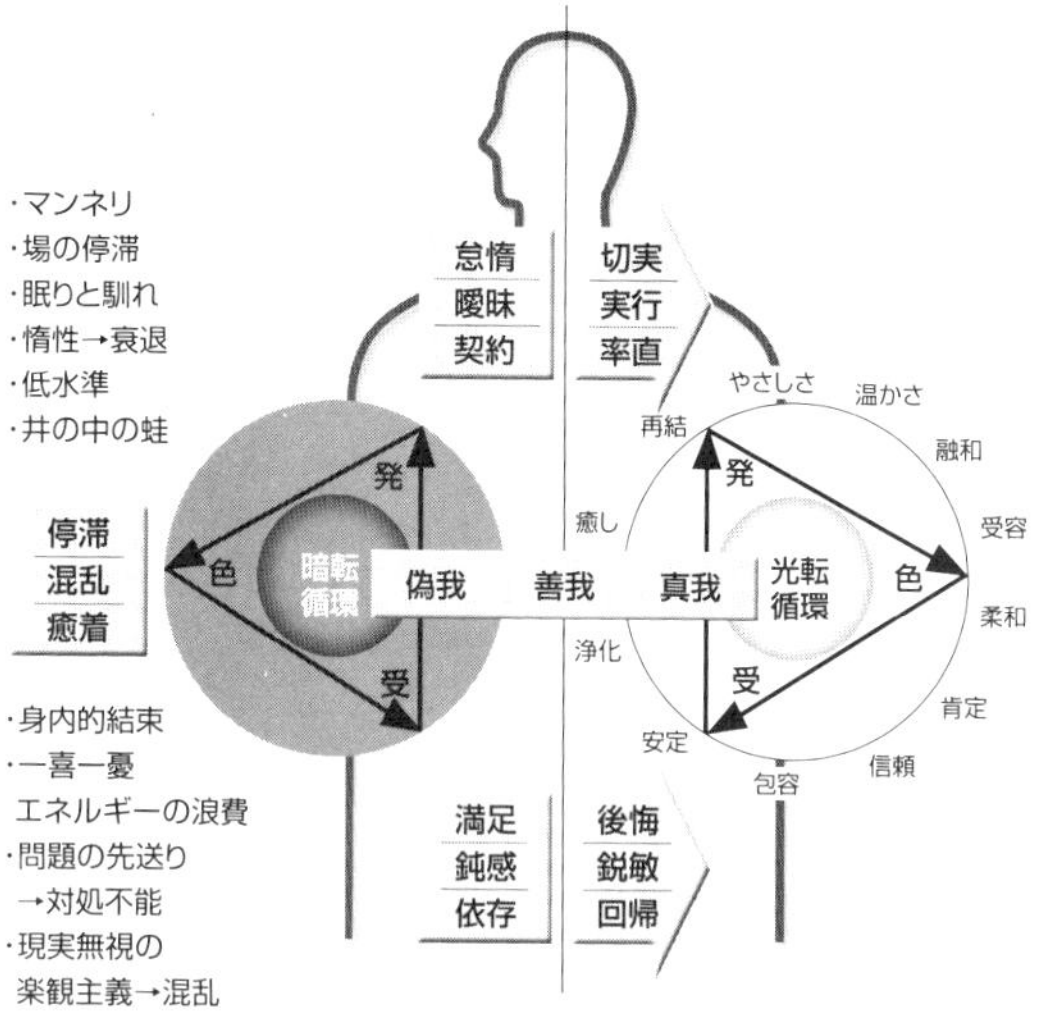
・マンネリ
・場の停滞
・眠りと馴れ
・惰性→衰退
・低水準
・井の中の蛙
怠惰
曖昧
契約
切実
実行
率直
停滞
混乱
癒着
発
色
受
暗転
循環
偽我
善我
真我
光転
循環
やさしさ
温かさ
融和
受容
柔和
肯定
信頼
包容
安定
浄化
癒し
再結
・身内的結束
・一喜一憂
エネルギーの浪費
・問題の先送り
→対処不能
・現実無視の
楽観主義→混乱
満足
鈍感
依存
後悔
鋭敏
回帰

快・衰退＝「幸福者」の受発色革命

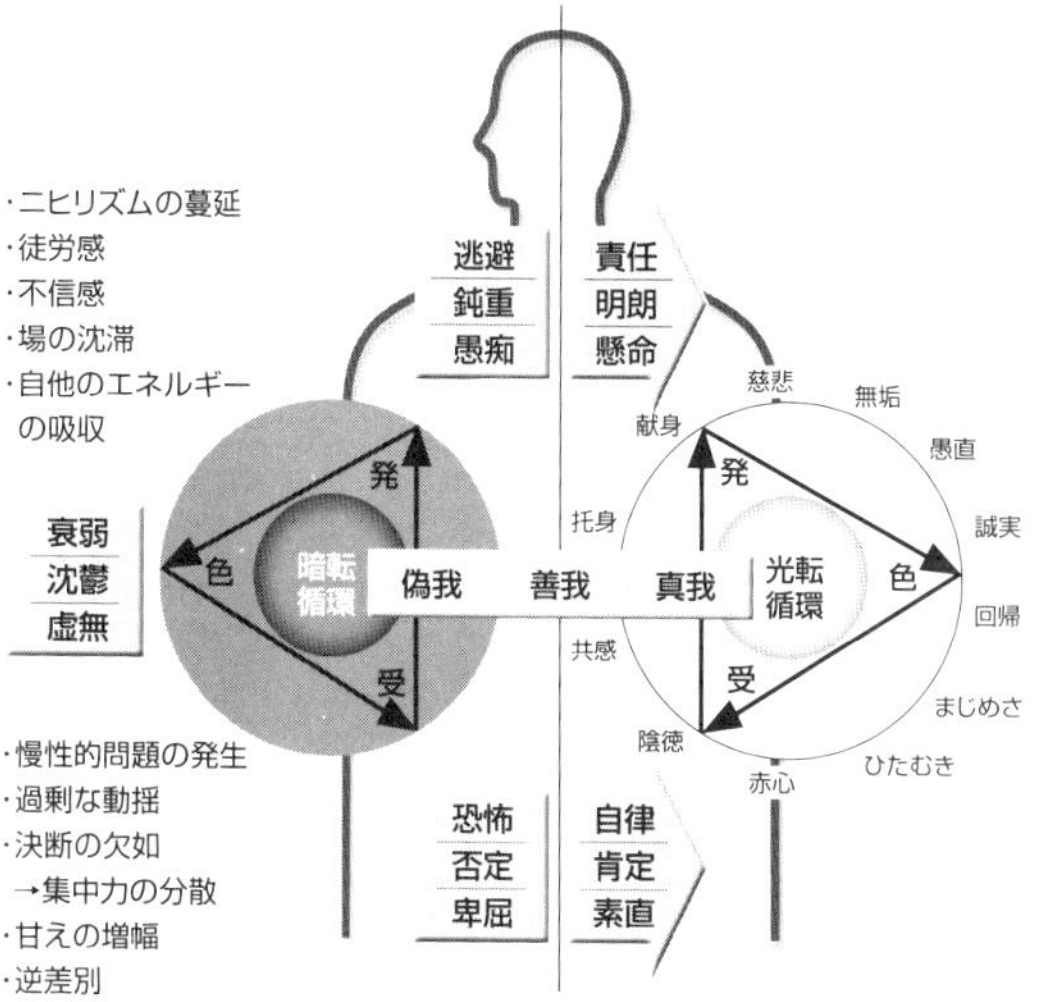
・ニヒリズムの蔓延
・徒労感
・不信感
・場の沈滞
・自他のエネルギー
の吸収
逃避
鈍重
愚痴
責任
明朗
懸命
衰弱
沈鬱
虚無
発
色
受
暗転
循環
偽我
善我
真我
光転
循環
慈悲
無垢
愚直
誠実
回帰
まじめさ
ひたむき
赤心
陰徳
共感
托身
献身
・慢性的問題の発生
・過剰な動揺
・決断の欠如
→集中力の分散
・甘えの増幅
・逆差別
恐怖
否定
卑屈
自律
肯定
素直

苦・衰退＝「卑下者」の受発色革命

しかし、この苦・暴流の人の中には、責任感や弁別力《べんべつりょく》をもって正義を貫《つらぬ》く強さが、可能性として抱かれているのです。

◎苦・衰退

自分に対して自信が持てず、自分を卑下《ひげ》する想いに支配されることが多いならば、まず「苦・衰退」の「卑下者」の傾きを抱いている人です。事態に対して悲観的《ひかんてき》で、否定的な想いばかりが浮かんできて、すぐに「駄目《だめ》だ」と思ったり、いろいろ思い煩《わずら》った揚《あ》げ句「難《むずか》しい」とあきらめてしまいます。行動するよりは、何もしない方が望ましいと思い、結果として消極的な選択《せんたく》を繰り返してしまうのです。その人の発する重く暗い雰囲気は、ときに周囲の人も虚《きょ》無感《むかん》や徒労感《とろうかん》、不信感に巻き込んで、場全体が沈滞《ちんたい》することにもなります。

しかし、この苦・衰退の人の中には他の回路の人たちとは異なる、まじめさ、愚直《ぐちょく》さ、献身《けんしん》的で陰《かげ》で皆を支える誠実さが可能性として抱かれています。

◎快・衰退

事態や他人に対して、基本的に楽観的《らっかんてき》で、すぐに満足しやすいのなら、「快・衰退」の「幸《こう》福者《ふくもの》」の傾向を持つ人です。「常に世界は自分を受け入れてくれている」という漠然《ばくぜん》とした安心感を抱いていて、「何かがあっても、誰《だれ》かが助けてくれるだろうし、何とかなるだろう」と依存的です。そのために、周囲ともすぐに親しくなれるのですが、どうしても仕事は低水準になり、身内的な結束《けっそく》で止まりマンネリ化し、停滞した現実を生み出してしまうのです。

けれどもこの快・衰退の人の中にも優《やさ》しさや温かさ、他を肯定的、共感的に受けとめ、融和《ゆうわ》し包容《ほうよう》する力が可能性として孕《はら》まれています。

【BOX8●問題解決の道のつけ方Ⅲ】試練・点検・私が変わります

私たちが抱《かか》えている問題を解決する道のつけ方として、「内を見つめる」こと（一五九頁、BOX7参照）、「内と外をつなぐ」こと（一五八頁、BOX6参照）を挙げました。そのことを前提に、現実に試練に向かい合ったとき、どのように解決への道をつけてゆくのか。その流れを端的《たんてき》に現したのが、ここでご紹介する「試練・点検・私が変わります」という問題解決の道のつけ方です。

まず、「試練」がやって来たとき、「その試練は自分には関係ない」とか、「誰《だれ》それのせいでこうなった」などと、自分と切り離して捉《とら》えるのではなく、その試練は自分自身への呼びかけであり、「この事態に自分も関わりがあり、はたらきかけることができる」と受けとめます。

そういう発想に立って、自ら自身の内側を「点検」してゆきます。その問題の原因となっている受発色《じゅはっしき》の回路を点検してゆくとき、「自分のこの心の内にある『つぶやき』がこの問題を引き起こした元凶《げんきょう》だった」とか「この問題は、私がこのように変わることを呼びかけていたんだ」といった気づきが訪れます。

自ら自身のテーマがはっきりしたならば、その呼びかけに従って、具体的に「私が変わります」を生きることです。心の内にある想い方の癖《くせ》となっている「つぶやき」を転換することもそうですし、まずは行いから変えてゆこうと、心がけることも大切です。その際、それぞれの心の傾向に合わせて、日々のライフスタイルを整える「行《ぎょう》」の実践《じっせん》（二一九頁、BOX11参照）

も、ぜひ大切にして下さい。
「試練・点検・私が変わります」は一度実践して成果が上がったらそれで終わり、ということはありません。生きている限り、試練はいつも私たちに新生《しんせい》を呼びかけ続けるものです。ならば、「試練・点検・私が変わります」とは、日々の私たちのライフスタイルそのものになり切るところまで、実践し続けるものであるということです。そのとき、「試練・点検・私が変わります」は、単に私たちの身の周りの現実を一つずつ変えてゆく、ということ以上の意味を持ち始めます。

私は何のために生まれてきたのか。私は一体何者なのか――。容易に答えが見出《みいだ》せないそのような本質的な問いかけに対して応《こた》えて生きることができるようになる。「ああ、私はこのために生まれてきたんだ」と魂の願いを思い出し、その願いを一瞬一瞬に込めて生きることができるようになるのです。

【BOX9●問題解決の道のつけ方Ⅳ】因縁果報《いんねんかほう》

私たちが日々直面する問題や試練をどのように解決し、新たな現実を創造するのか。その道のつけ方について具体的に示唆《しさ》しているのが、「因縁果報」という見方です。

「因縁果報」とは、もともと仏教の言葉ですが、すべての現象《げんしょう》は、直接的な原因である「因《いん》」と間接的な原因「縁《えん》」が結びついた結果「果報《かほう》」として生じているという見方です。

例えば、会社で経営状態が悪化したとしましょう。そのとき「経営状態の悪化」という結果

「果報」は、会社経営の責任者である社長「因」と、周辺で関わった会社の幹部や会社につくられている原則やシステムという「縁」の結びつきから生じたと捉《とら》えるものです。

私たちは、物事をこの「因縁果報」の見方で捉えることによって、誤った決めつけや思い込みから自由になることができます。そして問題を起こしている原因を見極《みきわ》めることが可能になるので、どこをどう改善したらよいのかという道すじを具体的に摑《つか》むことができます。そしてそれが宇宙に流れている法則であるがゆえに、自分を超えた力によって導《みちび》かれるというエネルギーの流れを実感することができるのです。

「因縁果報」の見方に従って問題を解決しようとするとき、最も大切なことは、自分自身をその中心である「因」に置くということです。

実際に問題が起こったときのことを思い起こせば、それが意外と難《むずか》しいことであることを多

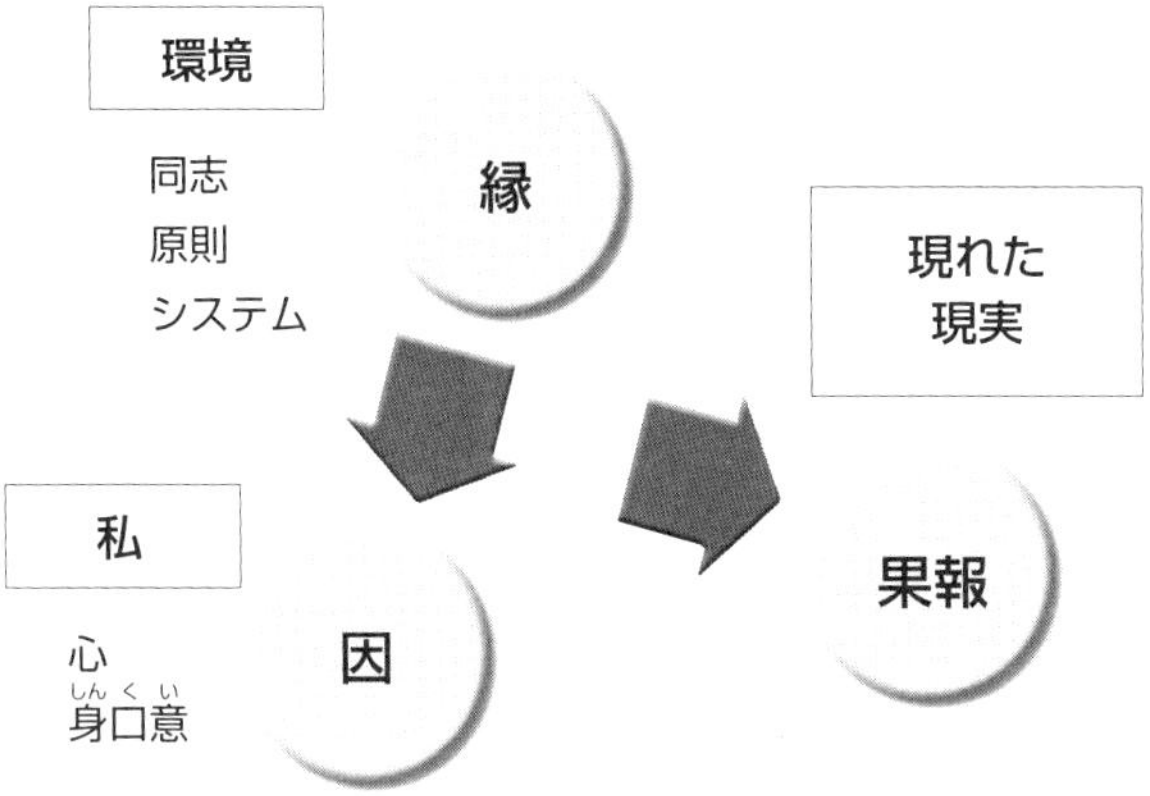

因縁果報

くの方が実感されるのではないでしょうか。何か事件が起こったとき、私たちは咄嗟《とっさ》に原因を外に見ようとするからです。「自分は悪くない。悪いのはAさんだ」「悪いのはこの仕組みだ」「悪いのは社会だ」……という具合です。つまり、望ましくない事態・現実を自分から切り離すということをごく自然にやっているのです。問題は常に私たちの外側にあると思い込んでいます。そして外側にある以上、私たちは、それをどうすることもできないと、自分の無力を認めていることになるのです。

けれども、自分自身を因縁果報の中心に置くなら、その普段《ふだん》の心の動きがストップします。何か問題が生じたら、その事態から目をそらさずに向かい合うことになります。そして自分自身にその事態を引き受けようとするでしょう。

「この問題が起きたのは、自分にも責任がある。一体私に何を呼びかけているのだろうか。私にできることは何だろうか……」、そう自分自身に語りかけ、受けとめるだけで、事態はまったく違った解決の道を進み始めるはずです。そしてそれができるのは、私たち自身の中にそれだけの力が潜《ひそ》んでいるからです。

逆に言うならば、この「因縁果報」の見方の前提になっているのは、人間の抱《いだ》く可能性に対する絶対的な信頼であり、その人間の力を十全《じゅうぜん》に引き出すことによって、問題を解決してゆく道であるということです。そしてもう一つ前提《ぜんてい》になっていることは、人間の中には、自分を変えてでもどうしても果たしたい「願い」があるということです。

「因縁果報」の見方を体得《たいとく》したなら、あなた自身の無限の力が解放され、目の前の問題は解決し、あなたが願ってやまなかった新しい現実を必ずや生み出してゆくことができるのです。

20 どうしても子どもができなくてつらくて……

結婚して十数年になりますが、十年近く不妊《ふにん》治療を受けてきました。人工授精《じゅせい》（ＡＩＨ）、体外受精（ＩＶＦ）、顕微《けんび》授精（ＩＣＳＩ）と全部試《ため》してみましたが、駄目《だめ》でした。数々の検査、かさむ治療費、たびたびの病院通いと治療、人には言えない悩みやストレス……。ついに私も夫も疲れ果て、もうこれ以上治療を続けるのは限界と、今は何もしていません。代理母出産や養子縁組を考えたこともありましたが、そこまで踏み切ることもできません。しかし、半《なか》ばあきらめながらも、子ども連れの家族を見かけると、胸が締《し》めつけられ、いたたまれないような想いに駆《か》られます。子どもを産み育てたいのに、そうできないこのつらさ、持っていきどころのないこの寂《さび》しさは気晴らしをしても埋《う》めようがなく、どうしたらよいのでしょうか。

（三十九歳女性・主婦）

不妊は多くの夫婦が抱《かか》えている共通の悩みです

長くつらい試練にずっと耐《た》えてこられたのですね。最善の道が必ず一つは開かれていることを信じて、ご一緒に考えてみましょう。

ご存じのこととは思いますが、不妊で悩む夫婦は国内で十組に一組と言われています。人工授精に加えて体外受精や顕微授精で生まれる子どもも増え、現在は年間一万人を超えており、それほど多くの夫婦が抱えている共通の悩みになっているのです。とりわけ女性の側の悩みは深刻で、あなたも「子どもはまだなの？」という他人の何気ない一言にどれほど傷ついてこられたことかと思います。

夫や舅姑《しゅうとしゅうとめ》がどう思っているのかが気になって、些細《ささい》な一言で責められているように感じてしまう。また、子どもを産めない自分は妻や嫁として一人前とは思えず、自分に自信が持てない。近所付き合いも、同じ年頃の子どもを持っている母親同士でグループができているため、その中に入ってゆくこともできないでいる。空《あ》いた時間を趣味や買い物に費《つい》やしても、心の空洞《くうどう》や虚《むな》しさは埋《う》まらない。街で仲の良さそうな親子連れを見かけると、何ともうらやましく、いたたまれない気持ちになる……。

あなたは、これまでにもう十分過ぎるほど苦しんでこられたのではないでしょうか。自分自身を責めてもこられたでしょう。ですからこれ以上、自分を責め苛《さいな》むことはしないでいただきたいのです。なぜあなたがここまで苦しんでこられたのか、その苦しみの中で、なぜあなたがそこまで「子どもが欲しい」「子どもを産み育てたい」と思われるのか、そこにはこれからのあなたの生き方にとって大切な手がかりがあると思えるのです。

子どもを授《さず》からないことにも、厳《おごそ》かな巡《めぐ》り合わせがあると思います

思い通りの人生を送れるわけではないことを、多くの人は分かっています。望みが高ければ高いほど、それが叶《かな》うことは難《むずか》しくなってゆくことも承知しているでしょう。滅多《めった》に叶うことのないことを望んでも、それが叶わないことは仕方のないこと。しかし、よりにもよって、なぜ多くの人に与えられている普通のことが自分には無理なのか——。だからこそ、あなたの苦悩と切なさは一層募《つの》るのでしょう。

けれどもあなたは、その寂しさと切なさを噛《か》みしめながら、それでも自分の子どもを得るために、代理母出産や養子縁組までは踏み込めないでいる——。それはなぜなのでしょうか。

そこまでの選択《せんたく》がどうすれば可能になるのか見当がつかないというお気持ちかもしれません。あるいはその選択をしたときの周囲の反応を気にされているのかもしれません。でも、あなたの心に一番近いのは、当たり前のことに思えても、子どもを授かることには何

か、厳かな巡り合わせがあると感じていらっしゃるのではないでしょうか。もし、そうならば、そのお気持ちは本当に大切なものだと私は思います。

そして厳かな巡り合わせは、「子どもを授かること」だけにあるのではないことを思っていただきたいのです。「子どもを授からないこと」にも同じように厳かなものがあるということです。子どもを授からないこと、そのことにも意味がある――。そう表現することもできるかもしれません。あなたがこれまで悩み苦しんでこられた現実は、単に否定されるべきものとしてあるのではないということではないでしょうか。

多くの人々を育《はぐく》み、愛し、支える生き方を始めてみませんか

改めて考えていただきたいのです。あなたはなぜ、それほどまでに「子どもが欲しい」と願われたのでしょうか。そこには、「愛する」対象を求めているあなたがあるように感じます。

自分の愛にすべてを託《たく》して身を任《まか》せる存在があることのかけがえのなさ、本当に愛を注《そそ》ぎたいという想いが、あなたをそこまで思い詰《つ》めさせたのではないかと私には思えるのです。

これまで子どもを授かることがなかったあなたの中に疼《うず》く強い「愛」への想い――。そ

れなのに子どもを授からないのはなぜなのか――。何度も問いかけてきたことだと思いますが、その問いは、単に医学的な説明によって解消されるものではありません。なぜこの事態を背負い、引き受けることになったのか、なぜほかの誰《だれ》でもない「私」でなければならなかったのか、その意味と必然を尋《たず》ねる問いです。

私がお会いした、長年不妊で悩んでいらっしゃったあるご婦人は、ボランティア活動をきっかけに、多くの方々をお世話することの喜びに目覚められました。そして、今では、「多くの人々を育み、愛し、支えたい。皆さんのお母さんのような存在になりたい」という願いを抱《いだ》かれ、毎日をいきいきと生活していらっしゃいます。ボランティア仲間からも大変慕《した》われ、様々な相談が持ち込まれています。そして、「もし私に子どもができていたら、私は自分の子どものことだけで精いっぱいになっていたかもしれません。少なくとも今の自分はなかったと思います」と、しみじみと語っていらっしゃいます。

あなたの中にある「育み、愛したい」という願い――。それを少しずつ、今、出会っている家族や友人・知人との関わりの中で自覚的に生きることから始めてみませんか。そのとき、きっとあなたの中に、なぜこれほどまでに苦しんできたのか、あなたの人生にとっての意味と必然が見えてくるのではないかと思います。

21 障害を持つ子どもの未来が不安です

生まれて間もなく、息子が脳性麻痺《のうせいまひ》の障害を抱《かか》えていることを医師から告げられました。「初めての赤ちゃんであんなに喜んでいたのに。あんなに可愛い大切なわが子なのに……。どうして……」と、一瞬、私は信じられませんでした。とめどなく涙が溢《あふ》れてきました。子どもの将来のことを思うと不憫《ふびん》でなりません。また親として何ができるのかと考えると、不安で仕方ありません。

（三十五歳女性・主婦）

守りたいことは一体何でしょうか――

医師から、息子さんの障害のことを告げられたとき、それはあなたがおっしゃるように、言葉に表しようのないショックだったに違いありません。「どうしてこの子が……。せっかく生まれてきて、あんなに可愛いのに、一体なぜ……」と、どうにもやり切れない想いに襲《おそ》われたのではないでしょうか。

そして、「子どもがこんな目に遭《あ》うのは、親が悪いわけでも子どもが悪いわけでもない。

……神も仏もあるものか」と、やり場のない憤《いきどお》りを抑《おさ》えることができなかったかもしれません。あるいは、これから後に訪れる様々な試練のことを心に思い描いて、「もう終わりだ。どう考えても未来はない。これが運命なのか」……と運命を呪《のろ》うような気持ち、あるいは、「まだまだ子育ての体験もないのに、具体的にこれからどうしたらいいのか。果たして自分にできるだろうか」と不安な想いも募《つの》るでしょう。

そんな次々に湧《わ》き上がる想いにどうにも押し潰《つぶ》されそうになったら、このことだけを心に問いかけて下さい。

守りたいことは一体何なのか――。あなたの心の中心にある一番大切にしたいこと――それは言うまでもなく、息子さんの生命であり、人生のはずです。生まれたばかりの息子さんが健《すこ》やかに成長し、幸《さち》多き人生であるように、と切ないほどに願っていたからこそ、あなたはこれほど苦しんだのです。あなたが感じた衝撃《しょうげき》、不安、恐れの原点には、常に息子さんへの限りない「愛」があるということを絶対に忘れないで下さい。そしてまずその一点に、心の中心を定《さだ》めましょう。

今こそあなたが、「親の魂」となり、愛を生きる存在となることが促《うなが》されています

思い出して下さい。生まれたばかりの息子さんの無垢《むく》な素顔に初めて接したときのこと。すべてを投げ出して、自分一人では生きることができない無力な存在として生まれ落ちた赤ちゃんを目にしたとき、あなたはもう抱きしめずにはいられなかったでしょう。この子のためなら自分のすべてをなげうってもいいとさえ思えたかもしれません。出産までのいろいろな苦労もすべて消え失《う》せてしまい、これまで体験したことのない至福《しふく》に満たされた瞬間だったのではないでしょうか。

「親になる」とは、自分以外の存在のために生きる自分になるということ。それはもう人間の魂の中に遺伝子《いでんし》として組み込まれている約束のようなものです。そしてだからこそ、子どもたちはみな、まったく無力な存在として生まれてくるのではないでしょうか。

今こそあなたは今までのあなたを超えて「親の魂」（三九頁、ＢＯＸ２参照）となる一歩を踏み出すとき。愛を生きる存在として生まれ変わることを促されているということを、ぜひ大切に受けとめていただきたいのです。

果たしたい願いがあって生まれてきた魂と信じて、関わっていただきたいのです

そして、これからの長い人生を「障害」という条件を引き受けて歩んでゆくのは、ほかならぬあなたのお子さんです。息子さんが、この条件を引き受けてどう生きるかが、常にこの現実の中心にあります。そしてそれを見守り、支えるのが「親の魂」でしょう。

そのことを考えるときに、ぜひ大切にしていただきたい人間観があります。それは、人間は、どうしても果たしたい願いがあって、この世界に自ら望んで生まれてきた存在であるというものです。たとえどんな条件を背負おうとも、否《いな》、その条件を引き受けたからこそ果たすことができる使命と願いを、誰《だれ》もが抱《いだ》いているということです。それは等しく、誰にも与えられている人間の尊厳《そんげん》というべきものです。そして、その願いを果たすために必要な魂の力を、すでに与えられているのです。

適切な水分と養分、それに太陽の光が与えられれば、一粒《ひとつぶ》の種から見事な花が開くように、人間の内に宿る魂の力が引き出され、その願いを果たすことができるかどうかに決定的とも言える影響を与えるのは、親御《おやご》さんであり、環境となる一人ひとりです。種である魂の内にどんな可能性が眠っているのかは、今はまだ分からないかもしれません。でも、「信じて関わること」はできるはずです。「この子は、障害という条件を引き受けても、

どうしても果たしたい願いがあって生まれてきた魂なのだ」と心底信じて、関わって差し上げていただきたいのです。

三重苦という障害を背負いながらも、ヘレン・ケラー（一八八〇～一九六八）にはサリヴァン女史（一八六六～一九三六）という同伴者《どうはんしゃ》がいつも傍《かたわ》らにいて愛情を注《そそ》いで関わったからこそ、多くの人々に希望の光を灯《とも》したヘレンになることができたのです（小著『人生で一番知りたかったこと』三七頁参照）。そうやって子どもさんに関わる中で、あなたの中からもきっと愛が引き出され、「親の魂」となる道が開かれてゆくと信じています。子どもが生まれたら「親」になるのではなく、親もまた、子どもと共に成長し、「親に成ってゆくのだ」ということを忘れないでいただきたいのです。

あなたと同じように障害のあるお子さんを持つ男性が、十数年の歳月を経《へ》て、「あの子は、神様からの贈り物です。私に人を愛することと信じることを教えてくれました。どんな障害があっても、あの子の中には仏性《ぶっしょう》があることを信ずること。それをあの子は教えてくれたのです」としみじみと私に語って下さったことがありました。あなたと息子さんとの間にも、そんな未来が待っていることを心から祈念《きねん》しています。

22　娘が摂食障害《せっしょく》になり、どうしていいか、分からなくて……

高校一年生の娘のことで悩んでいます。幼いときからとてもしっかりした子で、希望していた高校にも合格でき、喜んでいたのですが、思うような成績が取れず、悩んでいました。さらにクラブ活動の友だちとの折り合いが悪くなったことがきっかけとなって摂食障害になってしまいました。どうしていいか、分からなくて……。家事も手につかない毎日です。

（四十三歳女性・主婦）

「どうしよう、どうしよう」と慌《あわ》てる心を鎮《しず》めるところから始めましょう

「手のかからないいい子だったのに、どうして急にこんなことになってしまったのだろう」「うちの子に限って、こんなことになるはずがない」……。思いも寄らなかった予想外の成り行きに、あなた自身が大変戸惑《とまど》い、混乱を起こしていらっしゃるようですね。心の中がパニックになり、どうしていいか分からない。「どうしよう、どうしよう」という想いばかりが心の中をぐるぐると渦巻《うずま》き、どこからどう手をつけていいか分からなくて困

っておられるのでしょう。

確かに、大変ショックで、どんなにかつらく苦しい毎日かと思います。あなた自身が食事が喉《のど》を通らないような状態かもしれませんね。

けれどもまず、母親であるあなた自身がその困惑《こんわく》している心を鎮めることが大切です。娘さんの問題とあなたの問題。その二つがぶつかり合うと、問題は二倍にも三倍にも膨《ふく》れ上がってしまいます。ですから、まず、あなたの問題を解決しましょう。慌てて、混乱した心で対応するなら、事態はかえって混乱することになりかねません。また、自暴自棄《じぼうじき》になって感情の嵐に呑《の》み込まれれば、娘さんに対してもつい厳《きび》しく当たりたくもなるでしょう。それは、娘さんへの重圧をさらにかけてゆくことになり、改善への道とは逆行《ぎゃっこう》してしまいます。

とは言っても、このようなとき、自分で自分の心を鎮めることは容易ではないでしょう。静かに心を落ち着けることのできる場所を探し、小著『祈りのみち』の「不安と恐怖をいだくとき」を読んでみることも、きっとその一助になると思います。

摂食障害という症状は、長い歳月の中で複雑な仕組みで発症《はっしょう》すると考えられています。ですから、すぐに解決しようとか、すぐに何とかしなければ……と焦《あせ》らずに、まずは、あなたがこの事態を引き受ける覚悟《かくご》を持つことが大切です。重要な問題だと思うから、焦ったり慌てたりするわけですが、重要だからこそ、心を落ち着けて、時間をかけて取り組もうと覚悟を決めることが大切だと思います。

そして、「どんな試練にも、必ず、最善を導《みちび》く道はある」ことを信じていただきたいのです（二〇二頁、BOX4参照）。

近年は、摂食障害を抱《かか》える方が増えており、同じように悩んでいる親御《おやご》さんは、少なくありません。若い女性の二、三十人に一人は摂食障害で悩んでいるという統計もあります。同じ苦しみを抱えている方があることを心に置いて、この事態を受けとめる心の構えをつくることから始めることでしょう。

もし、あなたが不安や恐怖心を鎮めることができ、事態を引き受ける覚悟ができたなら、問題は解決への第一歩を踏み出したと言っても過言ではないと思います。

娘さんの気持ちを「受けとめる」ことから

心が落ち着いたら、何よりもまず、娘さんの気持ちに向かい合って下さい。摂食障害を起こすのは、幼い頃からまじめで、親の期待に応《こた》えようとしてきたいわゆる「よい子」に多いと言われています。

摂食障害の方は、自分が過食《かしょく》や嘔吐《おうと》を繰《く》り返すのは、意志が弱いからではないかと自己嫌悪《けんお》に陥《おちい》ってしまう場合が少なくはありません。周囲が「しっかりしなさい」とか、「だらしがない」といった言葉をかけることは、かえって挫折感《ざせつかん》を強めてしまいます。

ですから、娘さんに多くのことを求め過ぎないことが重要です。あなたの中には「すべてがうまくいかなければならない。満点でなければならない」——そういった想いはないでしょうか。

今、娘さんは成績のことや友人関係の問題を抱えて、相当なプレッシャーがかかっている状態です。そして、娘さんも決してこのままでいいと思ってはいないはずです。摂食障害も何とかしなければならない。親の期待に応えるため良い成績も取らなければならない。友人関係も修復しなければならない……。一度にたくさんのことを解決しなければならないと思うあまり、心が焦ってパニックになってしまっていることでしょう。

その娘さんの気持ちをよく受けとめて差し上げていただきたいのです。

そのとき重要なことは、お母さんであるあなた自身が長い目で娘さんの人生を眺《なが》め見るということです。もしあなたの中に、面子《めんつ》や世間体《せけんてい》から良い成績を取ってほしいという想いがあるとしたら、娘さんには重圧になるでしょう。長い目で人生を見たとき、本当に今、娘さんにとって何が大切なのかを見極《みきわ》めることです。「すべてを失いたくない」と思い過ぎているなら、きっと苦しくなってしまうでしょう。けれども、娘さんが元気を取り戻し、やがて素敵な女性となって、温かい家庭を持つ……、それだけでも十分とは言えないでしょうか。そこにゆくための準備として、今があるということです。大切なものを大切にするために、何かを捨てなければならないこともあるのです。

まずお母さんから、具体的に「私が変わります」を始めましょう

娘さんの気持ちを受けとめて差し上げるのと同時に、あなた自身から具体的に「私が変わります」を実践《じっせん》してみていただきたいと思うのです。例えば、「家事も手につかない」とおっしゃっていますが、掃除《そうじ》や洗濯《せんたく》、そして料理などが疎《おろそ》かになっているということはありませんか。

あなたには娘さんの摂食障害を直接治すことはできなくても、掃除の行き届いた気持ちの良い環境を整えることはできます。心が混乱し、パニックになってしまったことによって、混乱してしまった環境を一つ一つ建て直してゆくこともどれほど大切でしょうか。

また、摂食障害の娘さんのことが心配なあまり、他のお子さんやご主人との間に亀裂《きれつ》が生じてはいないでしょうか。そうした家族の関わりも、あなたが変わることによって変えてゆくことができることです。あなたが暗く重い表情でなく、明るい笑顔を取り戻し、爽《さわ》やかな雰囲気で人と関わり、生活の一つ一つに向かっている姿は、娘さんにとっても何よりの励《はげ》みになるのではないでしょうか。娘さんに変わってほしいと望む前に、あなたから始められることがたくさんあると思うのです。

そして、摂食障害にも軽度から重度までありますが、いずれにせよ、なるべく早く信頼のおける専門医に相談し、きちんと治療をされることも同時に必要です。心の問題だからと放置しておいたり、自己流の治療を施《ほどこ》すことは危険です。

娘さんの回復とともに、この事態をきっかけとして、親子、そしてご家族が本当に心を開いて語り合うことができ、深い絆《きずな》が結ばれますよう、心からお祈り申し上げます。

23 子どもがいじめに遭《あ》っているのですが、どのように関わったらいいのか分かりません

最近小五の娘が、友達やクラスのことを話さなくなり、門限を守らなかったり、塾をさぼったりするようになったんです。小さい頃からとてもおとなしく、喧嘩《けんか》もしないよい子だっただけに、どうも様子が変だと思っていたところ、娘の友達のお母さんが心配して学校の様子を話してくれました。実は、娘のクラスは、子どもたちが授業に身が入らずルールを破ったりしている状態にあること。その中で娘は、友達の荷物を持たされたり、叩《たた》かれたりしていじめを受けていることなど、次第《しだい》に学校での様子が分かってきました。私には事情を話そうとしない娘に対して、どう関わったらいいのでしょうか。（四十六歳女性・主婦）

不安に波立つ自分自身と向き合うことがスタートラインです

今までとてもよい子だと思っていた娘さんが、急に自分の手の届かないところに行ってしまった……。そんな不安な気持ちを抱《いだ》いていたときに耳にしたいじめの事実。とてもショックだったことでしょう。「娘がこのまま駄目《だめ》になってしまったらどうしよう……」と、

いてもたってもいられないお気持ちかもしれません。しかも当事者の娘さんが、いじめを受けていることさえ、話したがらない。不安も募《つの》る一方なのではないでしょうか。

この事態に応《こた》える基本は、あなたが娘さんという存在をかけがえなく愛するその姿勢を貫《つらぬ》くということだと思います。その想いをすべての基としたときに、必ず道が開かれてゆくと思います。

以前、私が出会ったあるご婦人も、あなたと同じような悩みを抱《かか》えていらっしゃいました。むしろ、いじめの事実がもっとはっきりと分かっていた分、あなた以上に動揺し狼狽《ろうばい》されていたかもしれません。

そのご婦人に新しい局面が訪れたのは、一つの気づきが生まれたことがきっかけでした。その気づきとは、娘さんの姿が、自分とどこか重なるように感じ始めたことでした。

例えば、ご自身も他人《ひと》にどう思われるかを気にして本心を話せないでいること。いつも孤独を恐れ、嫌《きら》われないように相手に合わせていること。娘さんのいじめの事実を知ってからも、娘さんのことを心配する想いと同時に、娘さんの問題を他人からどう思われるだろうかとビクビクしていること……。

「そう言えば、娘は幼い頃からおとなしくてよい子だと言われてきたのですが、実は心の底では『友達が欲しい』と思っているのに、自分から積極的に関わりを結べないところがあったんです。もしかすると、私の心の傾《かたむ》きが娘にそのまま流れ込んでいるのではないでしょうか。愕然《がくぜん》とする思いです」

驚いた表情で、そう語って下さったことが印象的でした。

そしてそのとき初めて、「娘が、本当は本心から関わって友達をつくりたいのに、それができずに仕方なく強い子の言いなりになっている気持ちもよく分かる気がしました」とおっしゃいました。

子どもとの同調回路を開くことから

ご婦人は、自分の想いをさらに見つめてゆかれました。そして、その取り組みの中で、「もう何と思われてもいい。どんなときも娘のことを大切に思って生きよう。娘を信じ、できる限りのことを尽《つ》くしてゆこうという気持ちが心の底から湧《わ》いてきました」と語って下さいました。

以来、毎朝、娘さんとの関わり方を振り返っては、自らの心を見つめ、小著『祈りのみち』を通して娘さんの道行きを祈る時間を持つことにされました。そして、娘さんと同じ年齢の頃、友達ができずに悩んだご自身の体験やそのときの気持ちを率直に娘さんに話す時間をつくってゆきました。それはまさに傷ついた娘さんの心に対して同調回路をつくる時間でした。

その中で、「娘のためなら、これまでの自分を越えて、何でも挑戦しよう！」と決意。ご家族には娘さんの様子を話し、それぞれが娘さんの想いを受けとめてゆこうと話し合いを実施していったのです。学校では、毎月一回開かれる親のクラス懇談会《こんだんかい》で、委員の方と協力してお母さんたちにクラスの状況をお伝えし、「一緒に子どもたちの話をする場を持ちませんか」とはたらきかけました。担任の先生を応援してゆくとともに、他のクラスの先生方にも相談して、力になっていただくようお願いしたのでした。

そうした取り組みを通して、娘さんのみならず、クラス全体の様子が少しずつ変化し始めたと言います。「クラスの懇談会は、思いがけずお母さんたちがそれぞれの人生を振り返りながら、本心で語り合う場になったんです。そして、みんなの中に『子どもたちのことを真剣に考えてゆこう』という気持ちが生まれ、子どもにも懸命《けんめい》に関わるようになっていったんです」――と。

卒業までに子どもたちのよい思い出ができるようにと、卒業に向けた広報誌の制作を通して、クラスの写真撮影をしたり、子どもたち一人ひとりの思い出となる記事をつくったりしながら、少しずつクラスがまとまってゆきました。

「以前は、教室の皆がバラバラで、先生の言うことも聞かず、ルールも守れずに喧嘩が絶えなかったのですが、少しずつそういうことがなくなってゆきました。その結果、いじめを行っていたグループも、自然になくなっていったんです」――そう伝えて下さっています。

かけがえのない魂存在として受けとめ、絆《きずな》を深めてゆきましょう

そうした歩みの中で、娘さんも、少しずつ本当の気持ちを話すようになり、明るく元気になっていったことをお話し下さいました。

「私が子どもの頃、友達ができなかった経験を話したときも、『そのときお母さんはどうしたの?』と聞いてくれるようになり、学校や友達のことも話してくれるようになりました。勉強やクラブ活動にも精を出すようになって、友達も増えていったようです」

実は、娘さんは先天性《せんてんせい》の心臓の病気があり、九歳のときに手術で完治《かんち》しました。自分では、娘さんを他の子どもたちと同じように育ててきたつもりでしたが、「私が娘を守らな

ければ、私がすべて面倒《めんどう》をみてあげなければ」と可愛がり、「自分の手の届くところに娘を置いておきたい」という想いで関わっていたことに気づいてゆかれました。

しかしこの出来事を通して、自分自身の力で娘さんを思うようにできるわけではないこと、娘さんも一人の人間であり、自分とは違う個性を抱いた魂存在なのだということを初めて感じられたのでした。

まだ取り組みは今始まったばかりかもしれませんが、娘さんを魂の存在として受けとめて絆を深め、これからもさらに出会いを深めてゆきたいとの熱いお気持ちを語って下さっています。

いかがでしょうか。もちろん、このご婦人の取り組みは、あなたや娘さんが抱えておられる条件と異なる点も多々あることでしょう。ただ、事態に向かう姿勢という意味では、ご参考にしていただけるのではないかと思います。

あなたの場合も、まずは揺《ゆ》れ動くご自身のお気持ちと向き合うこと。そこにあなたの悩みを解決へ導く最初の鍵《かぎ》が潜《ひそ》んでいるように思えます。また、娘さんを取り囲む環境をしっかりと理解し、ご家族はもちろんのこと、担任の先生（場合によっては、他の先生も含めて）や同級生のご両親と力を合わせてゆくこと。そうした取り組みの連なりが、問題解決への確かな道であることを、このご婦人の歩みは教えてくれているのではないでしょうか。

具体的な行動として、ご夫婦でよく話し合った上で、お二人がどんなに娘さんの存在を必要としているかを伝えることも大切だと思います。実際によく語りかけたり、抱擁《ほうよう》という行為に現したり、具体的に関わり続けることです。

例えば、あなた自身が家庭のことで、娘さんの助けを必要としていることをお話しになり、実際に助力を求めるということもあるでしょう。娘さんを助けようとするのではなく、娘さんに助けてほしいと伝えるのです。他人から必要とされることがその人が生きることにとってどれほどの大きな意味につながるか、それは計《はか》り知れないほどのものです。

娘さんとあなた方ご夫婦が、新たな家族としての一歩を踏み出されることを心からお祈りしています。

24 夜ごと出歩く高校生の息子のことが心配で……

高校生の長男が、最近になって夜遊びをしているようなのです。家に戻るのも深夜がほとんどで、いわゆる不良グループと一緒に行動しているのではないかと心配です。尋《たず》ねても拒《きょ》絶《ぜつ》されそうで聞けません。夫に相談しても取り合ってくれそうになく、どうしたらいいのか、一人で途方《とほう》に暮《く》れています。

（四十二歳女性・主婦）

思い煩《わずら》うことから、現実に向き合うことへ

お子さんのことを大切に思えば思うほど、心配でならないことでしょう。「息子の人生が取り返しがつかないことになったらどうしよう」「息子も不良グループに入ってしまっていたらどうしよう」「息子の身に何か危険が及ぶようなことになったらどうしよう」……様々な不安や心配が心をよぎる——。

問題が押し寄せてきたとき、私たちはどうしても、圧迫感に押し潰《つぶ》されそうになって、問題の大きさや本質が見えなくなってしまうものです。ですから、何よりもまず心を落ち

着けて、問題をあるがままに見つめるようにすることが大切でしょう。「どうしよう」の前に「どうなっているのか」を現実と向き合ってよく見つめる必要があります。

あなたの場合、息子さんの夜遊びがどの程度のものなのか、本当に取り返しがつかないほどの状態なのか、一体どういう仲間と一緒なのかなど、一つ一つのことが想像の域《いき》を出ていないところがあるのではないでしょうか。息子さんに率直に心配していることを伝え、息子さんの気持ちを直接お聞きになることではないでしょうか。またご主人に対しても、相談する前に、取り合ってもらえないのではないかとあきらめてしまっていますが、こちらも思い煩っているだけではなく、現実に向き合い、真実を確かめてみなければ、解決への道は始まらないと思うのです。

心の傾向を表す受発色《じゅはっしき》の四つのタイプで言えば、あなたは、苦《く》・衰退《すいたい》の受発色の回路に陥《おちい》っている状態と言えます。あなた自身がこの回路を超えることが、道を開いてゆくには欠かせないことだと思うのです（一五九頁、ＢＯＸ７参照）。

一つの「結果」には、少なくとも五つの「原因」があります

どんな出来事にも、必ずそれを引き起こすことになった「原因」が最低五つはあると考え

て下さい。今、あなたが問題と感じている、ご長男の夜遊びという「結果」にも、その「原因」が様々に存在しているはずです。原因と思われることを書き出してみてはいかがでしょうか。息子さんも、突然夜遊びをし始めたというより、何らかの経緯《けいい》があったと考える方が、ずっと自然です。つまり、そうなるにはそうなるだけの理由があったということです。きっと、これまでも何らかの信号を発していたのではないでしょうか。少し過去に遡《さかのぼ》って、思い出してみて下さい。思い当たることがあるはずです。

友人関係の問題を抱《かか》えてはいなかったでしょうか。学校での成績が急に下がるといったことはありませんでしたか。また、教師との折《お》り合いはどうだったでしょう。何か不満を漏《も》らしたりしていませんでしたか。家庭では、親子の関わり、兄弟との関わりに何か変化は見られなかったでしょうか。また、社会全体の風潮の影響ということもあるかもしれません。様々な原因が思い浮かんでくることでしょう。

そして、さらに原因の一つとして、あなた自身との関係も考えられないでしょうか。問題が起こったときに、その原因を自分に見出《みいだ》すことはなかなか難《むずか》しく、また認め難《がた》いものです。しかし、思い切って事態を自分に引き寄せて見つめてみるとき、初めて見えてくる解決の糸口があるのです。

親としてのあなたは、日頃から息子さんに対して、どのようなまなざしで、どのような関わり方をしてきたでしょうか。あなたの中にある「息子にこうなってほしい」という期待、「息子はこういうものだ」という分かり方、息子さんへの接し方、声のかけ方、叱《しか》り方……。そうしたあなたの受発色が、息子さんの夜遊びの原因の一つになってはいなかったかを点検してみるのです。思い当たることがあれば、ぜひノートに書き出してみましょう。それだけでも、事態がより鮮明《せんめい》に見えてくるはずです。

事態の主人公・キーパーソンとしての自覚を

事態を見つめることによって、主だった五つの原因が見えてきたら、今度はその一つ一つに対して、誠実に改善してゆくことでしょう。

その中でも、今すぐにも着手することができるのは、やはり自分の受発色の変革です。けれども困難な出来事が降りかかると、私たちはとかく結果だけを早く変えようとしがちです。けれどもそれは道理に合わないことです。息子の夜遊びという結果だけをいきなり、夜遊びをしなくなるという状態へ持ってゆこうと焦《あせ》っても無理ということです。なぜなら、息子さんの行動は、あなたの主導権《しゅどうけん》の外にあり、単純に動かすことはできません。その結果が起こった原因を変えてゆくことが、唯一《ゆいいつ》の解決への道です。

そのとき、あなたが事態の主人公・キーパーソンとしての自覚を持ち、自らの受発色を変革してゆく努力を惜《お》しまないなら、事態はやがて転換することでしょう。

あなたの受発色は、あなた自身のものであり、あなたの心――息子さんに対する日々の感じ方や受けとめ方、関わり方はあなた自身によって決めることができます。

ここであなたと同じように、息子さんのことで悩んでおられたご婦人、山田直子さんの場合をご紹介したいと思います。息子さんの宏君《ひろし》（いずれも仮名）は小学生まではとてもおとなしく、どちらかと言えば内気な子だったのが、その反動からか、中学に入ってから親に反発し始め、さらに高校に入ると、突っ張りグループとも付き合いが始まって外泊《がいはく》も多くなるなど、急に態度が荒れていったそうです。山田さんは宏君のあまりの変わりように、どう関わっていいのか分からず、また「言っても息子は聞いてくれない」と腫《は》れ物に触《さわ》るように接していたと言われます。

山田さんも当初は、宏君に何とか変わってほしいと思いながらも、そうならない現実の壁を感じ、気持ちは萎《な》え、苦《く》・衰退《すいたい》の受発色に呑《の》み込まれていたのでした。しかしあるとき、「私は子どもが変わることばかり考えていて、自分はまったく変わろうとしていなかった」とはたと気づかれ、「自分が変わるしか道はない」と思いを定《さだ》めました。そして毎日、小著『祈りのみち』の「今日の祈り」で一日を始め、祈りで終えること、また、苦・衰退の心を日頃から見つめ、変革することを大切にされました。その中で、「息子のことを心配しているというより、自分が周りからどう思われるかばかり気にかけていた」ということを発見したことが、山田さんの転換の大きな起点となりました。そして、まずできることから始めようと、些細《ささい》な小言は言わないように心がけました。そして、宏君の心の痛みに向き合おう、受けとめようということを何よりも大切にされていったのです。

そうすると、あまり家に寄りつかなかった宏君が、しばらくして自分の方から、ぽつりぽつりといろいろなことを話してくるようになりました。あるとき、宏君が喧嘩《けんか》に巻き込まれるという事件が起きましたが、山田さんは宏君に、そのときの想いを真正面から尋ねてゆきました。そのとき、宏君の口からポツンと出た、「やられる前にやらなきゃ」という言葉を聞いたとき、「ここまで傷ついていたのか――」と宏君の痛みが胸に沁《し》みたと言われます。そして「お母さんの僕を軽蔑《けいべつ》するまなざしが嫌《いや》だった」と言われて、山田さんは初めて「こんな問題を起こす子はいらない」と心の深いところでつぶやいていた自分に気づかれたのです。

「ごめんね」と、山田さんが謝《あやま》ると、宏君も目に涙を浮かべてうなずきました。山田さんはそのとき、自分と息子の心がつながった感覚を実感され、「この子は、この子のままでいい」と、息子さんの存在を丸ごと受容《じゅよう》し癒《いや》すようなお気持ちになられました。

息子さんはその後見違えるように明るくなり、生活態度も改めて、勉強にも励《はげ》むようになりました。「これまで息子の気持ちを受けとめていなかったために、息子は自分の荒れた心をどうすることもできなかったのです」と改めて後悔を刻《きざ》むとともに、「あきらめないで関わり続ければ、絆《きずな》は絶対に切れない。挑戦して向かってゆけば、必ず道は開けることを確信しました」と、山田さんはしみじみと語って下さいました。

結果から変えようとするのではなく、ここでは「自分」という原因を変えることによって結果が変わる――。そう捉《とら》えるとき、この問題を変革するために最も重要なことは、あなた自身の「私が変わります」という姿勢です。第一の着手点《ちゃくしゅてん》はあなた自身の変革ということです。

そのお気持ちをもって、まずあなたの最も身近で信頼すべき「縁《えん》」――大切な同志であるご主人に本心から相談してみることから始めてみましょう。必ずや、新たな道が開けてくることでしょう。

25　突然の事故で亡くなった息子のことが忘れられなくて、夜も眠れぬ日々が続いています

二十二歳の息子が交通事故で亡くなりました。教員試験にも合格し、いよいよこれからというときのあまりにも早すぎる死でした。一年以上経《た》った今でも、元気だった頃の息子のことを思うと、涙が溢《あふ》れ、夜も眠れぬ日々が続いています。

（四十八歳女性・主婦）

何よりも息子さんとの思い出の数々を心ゆくまで味わっていただきたいのです

息子さんのことを、どれほど愛しておられたことでしょう。その息子さんを失った悲しみはとても言葉では表せないものだと思います。

この一年、写真や遺品《いひん》を目にするだけで、生前の息子さんの姿がありありと心に蘇《よみがえ》ってきて、そのたびに心が叫び声を上げる——。いいえ本当は今も、何事もなかったかのように、「ただいま！」とドアを開けて帰ってくるような気がしてならないのではないでしょうか。優《やさ》しかった笑顔、ふと見せる寂《さび》しげな顔、何気なくつぶやいた一言……。そのすべてが心に焼きついていて、忘れようのないもの——。

そして懐《なつ》かしい息子さんとの日々を思うほど、あなたの中にはとめどない後悔が湧《わ》き上がってくるかもしれません。「もっとあのとき、優しい言葉をかけてあげればよかった」「将来を思って勉強のことばかり口うるさく言ってきたけれど、もっとのびのびと自由に、育ててあげればよかった」……。

そして、「あのときこうしてあげれば。一言『気をつけなさい』と声をかけていたら、こんなことにはならなかったかもしれない。もしかしたら、私のせいで息子はこんなことになったのでは……」、そんなことまで心をよぎる——。

大切な人を突然失ってしまったら、誰《だれ》だってその事実を冷静には受けとめられないでしょう。現実を引き受け切れずに、気も狂わんばかりに泣き叫びたくなっても仕方のないことではないでしょうか。まして、母としてあなたはこよなく息子さんを愛してこられたのですから。

愛する人と別れなければならない苦しみ——愛別離苦《あいべつりく》。それは、遠く二千五百年前に、人間が抱《かか》える四苦八苦《しくはっく》の一つとして掲《かか》げられた釈尊《ブッダ》の言葉です。その中でも死別は、とりわけ深い悲しみをもたらす苦しみにほかならず、時代や民族をも超えた人類共通の切実《せつじつ》な痛みであり続けました。幾多《いくた》の人々がその悲しみを噛《か》みしめ、今は亡き人の在《あ》りし日の姿を思ってきたのです。そこには、人から生まれる最も美しく優しい想いが溢れているように思います。そしてそれゆえに、亡き方の魂の安寧《あんねい》と結びつき、その方との絆《きずな》を深めることにつながると思うのです。

ですから、今あなたに大切にしていただきたいこと。それは、すでにあなたが否応《いやおう》なしに心を傾《かたむ》けてきたことかもしれません。息子さんとの思い出の数々を心にありありと思い描きながら、その一つ一つがあなたにとってどれほど大切でかけがえのない出会いだったのか、どれほど喜びに満ちた日々であったのかを、心ゆくまで味わい尽《つ》くすということです。息子さんがあなたに伝えてくれたこと、あなたが息子さんに伝えようとしたこと、共に生き、励《はげ》まし合い支え合った二十年の歳月を思い出しながら、心を込めて、祈りを捧《ささ》げていただきたいのです。

それは息子さんが遺《のこ》してくれた贈り物ではないでしょうか

そしてそういう気持ちで、息子さんが亡くなってからのこの一年の日々を見つめ直してみたとき、新たに見えてくるものがあるのではないでしょうか。確かにその日々は、つらく悲しい日々であったと同時に、改めて人の優しさに触れた日々だったかもしれません。

受けとめ難《がた》い現実に放心状態だったあなたが、思いもかけない人からの一言によって励まされ、勇気づけられたこともおありになったかもしれません。

また、弔問《ちょうもん》に訪れた息子さんの友達の悲しみに満ちた姿に、短い人生の中でも息子さんがどれほど友情を大切にしていたのかを思い知らされたということはなかったでしょうか。

そして世の中には、あなたと同じように愛《いと》しい人との死別の悲しみを抱えながら、それでもなお、懸命《けんめい》に生きようとしている人がたくさんいらっしゃるということ……。

息子さんの死によってあなた自身が教えられたこと、ハッとするように気づかされたことは、きっと少なくなかったのではないでしょうか。

そのことを心に深く刻んでいただきたいのです。あなたもお感じになっているように、それは息子さんがあなたのご家族に向けた贈り物とも言えるものですから。


死は永遠の別れではありません。決して切れない絆が人間には確かにあります

この出来事の中であなたが本当に知ったこと。それは究極《きゅうきょく》、人間を結びつけているのは物ではなく、人との見えない絆であるということ――。人間はその絆によって生きる存在であり、それは、死によってたとえ肉身としては会えなくなったとしても、失われることがないということでしょう。

つまり、死は永遠の別れではなく、決して切れない絆が人間には確かにあるということではないかと思うのです。あなたが息子さんの死を受け入れられず、涙に暮《く》れる日々を送ったのも、きっとこの見えない絆を心の深くで知っていたからかもしれません。そしてその絆こそ、息子さんがあなたに今も訴《うった》え続けていることではないでしょうか。

息子さんは、肉体を抱《いだ》いた存在としては、確かにあなたの前から消えていなくなったかもしれません。けれども息子さんは、あなたの心の中に永遠に生き続けることができるのです。そして今もなお、魂として現に存在し、いつもあなたにはたらきかけていることを絶対に忘れないでいただきたいと思います。

あなたが本当のあなたになってゆくことこそ、息子さんへの一番の供養《くよう》になります

そしてだからこそ、いつも息子さんと一緒に生きることができることを思っていただきたいと思います。朝起きても、台所で食事の準備をしていても、仕事をしていても、いつでもあなたが息子さんに想いを向ければ、息子さんの魂は微笑《ほほえ》みを返してくれます。

世の中に「供養」という言葉があります。亡くなった方の霊前《れいぜん》にお供物を捧げて魂の安寧を祈る行為を指すものですが、そこに本来捧げるべきものは、お供物だけではないと思うのです。

亡き魂は、今も縁のある方々が一緒に歩まれていることを何よりの支えと受けとめられています。あなたの息子さんの魂も、その絆を抱き、その絆を拠《よ》り所にされている――。ならば、供養とは、縁深き人たちが、その絆を深めてゆくこと自体に、そしてその絆を確かめながら「私は日々こう生きていますよ」とはたらきかけることに、その本質があるはずです。

永遠の生命としての絆を実感し、共に魂を育《はぐく》み合い、成長し合う――。このように供養に取り組まれた多くの皆さんが「故人の魂がいつも一緒にいる」という感覚が日常感覚として自然に訪れることを語って下さいます。

あなたが息子さんの死を通して噛みしめた痛みは、これからの人生であなたが巡《めぐ》り会う様々な人々の痛み、とりわけ死別の悲しみを抱える方々の痛みを癒《いや》して差し上げる新しいあなたへとなりゆく力に、必ずなってゆくに違いありません。そして、あなたが本当のあなたになってゆくことこそ、亡くなった息子さんへの一番の供養にほかなりません。

人間がこれほどまでに深い絆で結ばれた存在であることを思えば思うほど、私は改めて、「人間は永遠の生命でなければならない」という想いに駆《か》られます。目には見えずとも、決して切れることのない親と子の絆、あなたを励まして下さった方々との絆、共に同じ時代を生きる人々との絆、そして見えない次元との絆によってこそ、人は初めて、生き生きと輝《かがや》きを放つことができるのです。

最後になりますが、その絆の大切さを心底実感されたあなたに、ぜひ、私の拙《つたな》い詞《ことば》を贈らせていただきます。あなたと同じように愛する息子さんとの別れを余儀《よぎ》なくされた方が、「いつもこの詞を読むことによって励まされました」と私に伝えて下さった詞です。息子さんの死という運命を引き受けたあなたが、新たな人生の門出《かどで》を迎えることができますように、心より祈念《きねん》しております。

＊

あらゆる現象《げんしょう》とあらゆる存在の
根底《こんてい》なる絆を取り戻すときである

人と人はつながり
人と自然は結ばれている
出会いと出来事は織《お》り成され
この世と見えない世界も一つである

つながりに目覚めてこそ
いのちは輝く

つながりに応《こた》えてこそ
いのちは花開く

（小著『千年の風』より）

26 自殺した姉の魂は、救われないのでしょうか？

十数年前に姉が自殺をしました。姉とはとても仲が良かった反面、姉妹同士の比較の想いもあり、どちらかと言えば私の方が周囲から認められてきたということもあって、私が姉を苦しめ、自殺に追い込んだのではないかとさえ思ってきました。そう思うと、今でもいたたまれない想いに襲《おそ》われます。自殺した魂は迷い続けると聞いたことがありますが、姉の魂は、本当に救われないのでしょうか。

（五十三歳女性・主婦）

一つの身体《からだ》には一つの魂。お姉さんにしか背負えないテーマがあります

仲が良かったお姉さんが自殺をして亡くなられたこと。それはあなたにとって、どれほどショックだったことでしょう。喪失《そうしつ》の悲しみとともに、あなたご自身がお姉さんに対する罪の意識に苛《さいな》まれてきたこと、十数年の歳月が経《た》った今でも、いたたまれない想いを抱《いだ》かれていることからも、その悲しみとつらさの深さが窺《うかが》われます。

ご質問としては二つのことがありますね。一つはご自身の罪の意識について。もう一つ

は、お姉さんの魂が救われているのかどうかということ。もちろん二つのことはつながっているわけですが、まず、あなたの罪の意識について見つめてみましょう。

深い関わりのあった方が自殺して亡くなってしまった場合、ほとんどの方が自分がその原因ではないかと、罪の意識に苛まれます。まったく罪などないはずの幼い子どもでも、自分が父親の言うことをきかなかったからではないかとか、自分が母親にこの間ひどい言葉をぶつけてしまったからではないかなどと、自分にその原因を見ようとする場合が少なくはありません。自殺した方の周囲の方は、多くがその死の原因の一端《いったん》は自分にあったのではないかと思うということです。

あなたの場合、お二人が比較されて育ち、どちらかと言えばあなたの方が優勢であったとのことですから、なお一層罪の意識は強いものとならざるを得なかったのでしょう。

しかし、ここでぜひ、大切にしていただきたいことがあります。それは、「一つの身体には一つの魂」ということ。つまりお姉さんのテーマとあなたのテーマは同じではない、ということです。それはどのようなことかと言えば、確かに人は、生まれてからご両親や家族の関わり、地域や時代社会から引き受けた三つの「ち」(一五一頁参照)の影響を受けてその人となってゆく存在ですが、実はもう一つ、生まれる以前に、魂が前世《ぜんせ》から引き受けてきたその方固有《こゆう》のテーマを抱いた存在でもあるのです。そのテーマは、お姉さん自身が永遠の生命として抱いてきたテーマであり、お姉さんとして引き受けなければならないことなのです。

つまり、妹として生まれたあなたがお姉さんの人生を横切り、影響を与えたことも確かですが、あなたには踏み込むことも、背負うこともできない魂の領域を彼女が抱いていたことも間違いありません。それが「一つの身体には一つの魂」という定《さだ》めなのです。人は皆そのように、永遠の生命としての願いとテーマを抱いて、様々な試練があることも承知で生まれてきました。そしてそこに、人間としての尊厳《そんげん》があると私は思います。

お姉さんもその尊厳を抱く魂です。あなたとの比較によって苦しまれたことがあったとしても、同じ状況に置かれた人が皆同じ行動に至るわけではないことからも分かるように、お姉さん自身が抱《かか》えておられたテーマがあったということです。そのテーマをあなたが背負うことは叶《かな》わないのです。自らの人生を振り返り、お姉さんとの間で生じた出来事や想いを見つめることは意義あることだと思いますが、必要以上に自分を苛むべきではありません。

そしてお姉さんは、たとえ自ら命を絶《た》ったとしても、それですべてが終わったわけではありません。今も、魂が前世から引き受けてきたテーマを超えようとしている道中にあり、その道行きはこれからもずっと終わることなく続くということです。人は、自ら自身がそのテーマを超えるための智慧《ちえ》と力を持っている――。そのお姉さんの魂に想いを馳《は》せ、心からの愛念を持って祈って差し上げることをまず大切にしていただきたいのです。

自殺した魂にも、必ず救われる道が用意されています

もう一つ、「自殺した姉の魂は救われないのでしょうか」という質問ですが、これは身内を自殺で失《な》くされた方にとって、切実《せつじつ》な疑問でしょう。私はこれまでに、自らの命を絶った何人もの魂の行く末を見守らせていただきましたが、確かに自殺した魂が背負う重圧は、生きているとき以上に重くのしかかるのも本当です。自殺した魂に意識を合わせてゆくと、心がどんどん重くなってゆきます。地上で日頃感ずる何十倍もの重力が一気に働いて、大変な力で地の底に引っ張られ、引きずり込まれるような感覚です。

なぜそうなるのかといえば、「自殺する」ということは、指導原理《しどうげんり》（宇宙に遍《あまね》く存在し、一切の存在を生かし、宇宙の意志と一つに響き合う方向へと導《みちび》き続けている原理）に反することだからです。人は誰《だれ》も、果たすべき魂願《こんがん》（魂の願い）と、超えるべきカルマ（魂の歪《ひず》み）を抱いて、自ら望んでこの世界に生まれてきます（小著『人生で一番知りたかった

こと』一八一頁参照）。命を与えられ、多くの関わりを与えられて、いわば修行のフィールドとしての人生を始めるわけです。魂の中には、魂願成就《じょうじゅ》・カルマ超克《ちょうこく》の青写真が遺伝《いでん》子《し》のように組み込まれているのです。にもかかわらず、人生の途上で様々な試練に出会い、その試練に耐《た》え切れなくなって、自らの命を絶ってしまうというのは、人間の魂に埋め込まれたその遺伝子に背《そむ》くことになります。指導原理に従えば道は開き、調和に導かれますが、指導原理に逆《さか》らえば、そこには不協和音《ふきょうわおん》が生じ、道が閉ざされ、不調和な状態へと自らを追い込んでしまうわけです。

でも、だからと言って、救いがないかというと、決してそうではありません。大切なのはその後です。その魂が、本当にその状態から脱《だつ》したいと願えば、魂を指導原理に導く力がはたらき、どこまでも落ちてゆこうとする魂を、それ以上落ちることがないように支えます。しかし、一気に自由になるわけではありません。なぜなら、そのように落ちるには落ちる理由《わけ》があるからです。自らそう人生を選択《せんたく》し、選んだ結果である以上、その魂が自らの過《あやま》ちに気づかなければ、その状態から脱することはできないのが約束です。人間はそれだけ魂の尊厳を抱いた存在であるということです。

ただ、そのまま地の底に落ちてゆけば、自分自身ではなかなか目覚めることができない条件に置かれ、いつまで経っても覚めることのない悪い夢をずっと見続けているような厳《きび》しい状態が続くことになります。ですから、その魂に関わりを持った人々が「縁《えん》」としてはたらきかけることが大切になるのです。

あなたの生きる姿こそ、お姉さんにとっての希望の光

生きている私たち、とりわけその魂とご縁の深かった親族や親友の念は、必ず亡くなった魂に通じます。特にお姉さんが三つの「ち」の影響を受け、宿命として背負ったもの、それは、同じ環境に生まれたあなた自身が背負っているものと通じるものであり、生きているあなた自身が、その宿命から自由になってゆく歩みが、どれほどお姉さんの魂にとって励《はげ》みになることか、それは計《はか》り知れないものがあります。

やはり姉を自殺で失くされたある女性は、あなたとまったく同じように、初めは「自分のせいでこうなってしまった」とずっと自分を責め続けていました。でも、まだ自分にもできることがあると気づかれ、まず自分自身の心を見つめるところから始められました。そして、自分の中に、他人との比較や周りのまなざしに一喜一憂《いっきいちゆう》し、「どうせ自分は駄目《だめ》。駄目な自分を世間は決して認めてくれない」といった自己不信・他者不信の心があること

を発見してゆかれます。さらに、同じ心の傾向が自殺した姉の中にもあったのではないかと思い至ったのです。そして、「自分がその心から解放されてゆくことこそが姉を救うことになる――」、そう思われてから、姉に対する気持ちがすっかり変わり、姉の魂をいつも身近に感じ、励まし合っているような絆《きずな》を感じることができるようになったと言われます。

もしそうした目覚めや気づきが、あなた自身の中に起こったならどうでしょうか。あの世（実在界《じつざいかい》）からは、そのようにハッと気づいたあなたの心から発せられる眩《まばゆ》いほどの光が見えます。ご縁の深かったお姉さんの魂に必ず届くということです。そしてそのあなたの姿を見ながら、彼女もあなたと一緒に、自分の人生を見つめ直すことができるのです。あなたの生きる姿こそ、まさにお姉さんにとって希望の光となるのです。

ですから、お姉さんの魂に話しかけて差し上げて下さい。お姉さんが生きてそこに座っているように、あなたが気づいたこと、あなたが感じた人生の喜びを語って差し上げるのです。そして、魂に光が注《そそ》がれるように、心から祈って下さい。あなたとお姉さんとは、きっとご縁の深い魂なのでしょう。あなたの愛念は、必ずお姉さんに通じ、そのあなたの光を頼《たよ》りに、光に満ちた明るい世界に還《かえ》ってゆくことができます。それこそが、「真の供《く》養《よう》」ということでもあるのです。

27 以前、経済的な事情で中絶《ちゅうぜつ》をしたのですが、罪の意識から離れることができません

十数年以上前になりますが、妊娠したものの、経済的にどうにもならないほど厳《きび》しい時期で、周囲からの勧《すす》めもあって、やむを得ず中絶しました。その後、子どもにも恵《めぐ》まれ、今は安定した日々ですが、時々思い出しては、罪の意識に苛《さいな》まれてしまいます。また、中絶した子どもの供養《くよう》はどうすればいいのでしょうか。

（五十歳女性・主婦）

命の大切さを心に刻《きざ》み続けること

そのときは、やむを得ない選択《せんたく》だったとは言え、中絶したお子さんのことが今でも気になって仕方がない。その後、新たな生命が胎内《たいない》に宿り、この世界に誕生し、すくすくと育っていたとしても、失ったお子さんのことが、どうしても心から離れなかった……。そのお気持ちに、短い期間ではあっても、自分の内に育まれていた生命を中絶という形で失うことになったあなたのつらさ、心の痛みを思います。

最近、まるで「いのち」に対する感性が損《そこ》なわれてしまったかのように、安易に中絶が

行われ、多くの生命が失われてゆくことは、悲しむべきことだと私も思います。その背景には、唯物《ゆいぶつ》主義に貫《つらぬ》かれた機械論的人間観・世界観、また今さえ楽しければいいという刹《せつ》那《な》的な人生観といった時代全体に蔓延《まんえん》する「人間の尊厳《そんげん》の軽視」という風潮とも切れない根の深いテーマも横たわっているように思います。

そうした時代の中にあって、あなたが中絶したお子さんの命を忘れることなく、想いを馳《は》せてこられたことは、大切なことだと思うのです。それは、あなたの魂が抱《いだ》く生命に対する感性、「いのち」を大切に想い、慈《いつく》しむ母性のはたらきにほかならないからです。

あなたは、中絶という痛みを通して、生命のかけがえのなさ——「いのちの尊厳」ということに目を開かれることになったということでしょう。ならば、そこで開かれた生命に対する感性、母性をこれからも大切に育み続けていただきたいと思うのです。

生かされてあることへの感謝を胸に、人生の仕事を果たしてゆくことこそ供養の道

そして、その心をもって、あなたに与えられた生活の場でお一人お一人に慈しみと愛を込めて関わってゆかれることではないでしょうか。失ったお子さんの魂を忘れることなく、祈りを捧《ささ》げることも大切な供養となりますが、その想いをもって生きて生命を与えられているあなた自身が、あなた自身の人生を本当に開花して生きることが何よりもの供養になると思うのです。

必要以上に罪意識を抱いて自分を苛むのは、供養から離れてしまうことになります。失われた生命は自分を苛んでも取り戻せるわけではありません。そのことで、自分の人生を大切にすることにもなりません。生命のかけがえのなさを心に刻んだなら、あなたがその後悔を願いの光に転じて生きることが最も大切なことです。

どうしても罪意識に苛まれるときは、小著『祈りのみち』の「罪悪感にとらわれるとき」を読まれることをお勧めします。きっとそこから脱《ぬ》けてゆく道を見出《みいだ》されることと思います。

すべての生命は、多くの他の生命を与えられて「生きる」ことができます。人間の生命も同じその生態系のサイクルの中で生きています。植物の生命、動物の生命に支えられて、初めて日々を生きることができる――。誰《だれ》もが「生かされている」ということです。

私たちは日頃、その「生かされている」という大前提をあまり意識することなく毎日を送っていますが、その事実に改めて目を開くなら、自《おの》ずから感謝の気持ちが湧《わ》いてくることでしょう。自他の存在に、等しく冒《おか》し難《がた》い尊さを見出すことになると思います。生かされているということは、為《な》すべき人生の仕事があるということにほかならないのです。

すべての生命が大きな循環《じゅんかん》の中で、他に生かされながら、自らをまた他に与えて生きてゆくのが摂理《せつり》であるなら、私たち人間もまた自らを他に与えてその為すべき人生の仕事を果たして生きてゆきたいものです。

あなたも同じでしょう。あなたには数え切れない多くの生命が流れ込み、あなたのいのちの営みが続いてきました。それらの生命に支えられて生かされている今であることを心に刻印《こくいん》することで、それらの生命はあなたの中で生き続けることになるのだと私は思います。あなたのお子さんの生命もそこに連なるものです。

支えられ、生かされている今を思いながら、あなたにしかできない大切な人生の仕事を果たしていっていただきたいと思います。そのとき、失ったお子さんの魂もあなたと共に生きることになるのです。

【BOX10●問題解決の方法Ⅰ】揺《ゆ》るぎない中心を定《さだ》める

目の前に立ちはだかる試練に向き合い、道が見出《みいだ》せず、八方塞《はっぽうふさ》がりの状況に陥《おちい》ったとき。何を拠《よ》り所としたらよいのか分からず、揺れ動く心を自分でもどうすることもできなくなったとき。そんなとき、あなたはあなた自身の拠って立つ場所、立ち還《かえ》るべき原点を探し始めているのです。そんなときこそまず第一に取り組むべきは、「揺るぎない中心を定める」ことです。

人間が人間としての本質をどこまでも深めていったとき、私たちの中に次第《しだい》に蘇《よみがえ》ってくる感覚があります。それが、私たちの存在を根底から支える世界との深いつながりを示すビッグクロス――縦横《たてよこ》二重の絆《きずな》の感覚です。

第一の絆は、「大いなる存在との絆」という縦の絆です。この世界にある一切の生命を生かし包み、支える大いなる存在。そうした言葉に尽《つ》くすことのできない存在との絆のことです。それは、私たちが「神」と呼んできた存在との分かち難《がた》いつながりでもあるでしょう。

そして第二の絆とは、「永遠の絆」という横の絆です。人間の魂は、数十年で終える一つの人生を超えた、遥《はる》かなとき、永遠の生命を生きているという絆の実感です。

ビッグクロスとの絆こそ、人間が人間である所以《ゆえん》であり、人間を根底で支える存在の立脚点《りっきゃくてん》です。その次元に触れたとき、自分でも思いも寄らなかったまったく新しい自分に出会い、新しい人生を始めることができるのです。

平常心で生きようと思っても、次々に難題が押し寄せる日々の喧噪《けんそう》の中に身を置いていると、どうしても心が揺れ動いてしまうのが、悲しいかな、私たち人間です。そんなときこそ、ビッグクロスとの絆に想いを馳《は》せて下さい。例えば、美しい自然の中に身を置いたときの、心がどこまでも広がってゆくような感覚。美しい音楽の調べに、えもいわれぬ心の安らぎを覚えるとき。また、初めて出会った方なのに、どこかで見たことがあるような、とても懐《なつ》かしい想いに満たされたとき……。それはビッグクロスとの絆の断片《だんぺん》を確かに思い出しているときです。また、日々揺れ動く心を見つめ、心に不動の中心軸を定めることを願うあなたにとって、小著『祈りのみち』も、きっとよき道しるべになるでしょう。

そのように、日々の生活の中で、いつでも揺るがぬ中心軸に立ち還ることは、問題解決の起点となる極《きわ》めて大切なことなのです。

【BOX11●問題解決の方法Ⅱ】「行《ぎょう》」の実践《じっせん》により、内なる力を解放する

一五九頁、【BOX7】でも触れたように、次々に問題を起こしてしまっているのも人間の心であるなら、問題を解決するための力もまた、人間の内側・心にあります。人間の内に眠る可能性をどうしたら開花できるのかは、問題解決に向かう上で、決定的とも言えることです。

ここでは、四つの受発色《じゅはっしき》のタイプ毎《ごと》に、その可能性を開くために取り組むべき日々のライフスタイル（ここでは「行」と呼んでいます）について触れたいと思います。

◇快《かい》・暴流《ぼうりゅう》の可能性を引き出すライフスタイル

快・暴流の傾向を持つ人の可能性が引き出されるためには、他人《ひと》を受けとめる心を育むことが大切です。その第一歩は、まず相手の言おうとしていることをよく聞こうとすることから始まります。「聞く行」では、自分の言いたいことよりも、まず先に相手が伝えたいことに耳を傾《かたむ》けることを大切にします。快・暴流の傾向がある人は、自分の夢や欲求を実現することに関心があり、相手を受容《じゅよう》し受けとめることは苦手なことが多いのです。ですから「今、自分は相手を深く理解し、受けとめる心の広さを育んでいるのだ」と自覚し、またそうした心を育むことによって自分の本当の可能性も引き出されることを信じていただきたいと思います。

また他にも、相手の身になって、その人に同《どう》伴《はん》すること（同伴の行）、見えないところで支え続けること（陰徳《いんとく》の行）などがあります。

◇苦《く》・暴流《ぼうりゅう》の可能性を引き出すライフスタイル

苦・暴流の傾向を持つ人が可能性を引き出してゆくためには、「和顔愛語《わがんあいご》の行」――温かい笑顔と優《やさ》しい言葉に努めることがその第一歩となります。日頃自分では無自覚なのですが、怖《こわ》い顔をして厳《きび》しい言葉を発していることが少なくないからです。笑顔に努めるなら、はじめはぎこちない印象を与えるかもしれませんが、次《し》第《だい》にその方の魂が抱《いだ》く本来の輝《かがや》きを放つようになり、ご本人の内側から溢《あふ》れる光で周囲を照らす笑顔となってゆくのです。「和顔愛語」という行いの変革は、柔和《にゅうわ》で思《おも》い遣《や》り深い心を育てることになります。

それ以外にも、他を責めるのではなく自分に足りない点はなかったかと振り返ること（内省の行）、相手や場のために支え尽《つ》くして生きること（献身《けんしん》の行）などがあります。

◇苦《く》・衰退《すいたい》の可能性を引き出すライフスタイル

苦・衰退の傾向を持つ人がその可能性を引き出そうとしたら、まず「持続《じぞく》の行」です。どんなに小さなことでも結構ですから、一つの物事が成就《じょうじゅ》する始まりから終わりまでの「起承転結」の環《わ》を結ぶことを経験することです。まずは自分が、主体的に行うことを決めて、実際にそれが成就に至るまで、自ら責任を持って行い続けることが大切です。そうしますと、自分の中に自信が生まれ、柱のようなものが立ってくる感覚を体験することができるでしょう。それが新たな人生を切り開く核《かく》となってゆくのです。

また、自分の中の愚痴《ぐち》や否定的な想念を止《とど》めようとすること（止悪《しあく》の行）、苦手なことにも積極的に挑戦《ちょうせん》をすること（挑戦の行）、意欲を失ったり、衰退しそうになる心を自分で励《はげ》まし喚起《かんき》すること（喚起の行）などもあります。

◇快・衰退の可能性を引き出すライフスタイル

快・衰退の傾向を持つ人が可能性を引き出してゆくためには、「率直に語る行」があります。相手に合わせるということは、その都度《つど》、自分の本心を語っていないことを意味します。相手の顔色を窺《うかが》ったり、関係をまずくしないようにすることにエネルギーを使うのではなく、何よりも本当の気持ち、本心を大切にすることから始めなければなりません。そのためには、本心を言葉にして、相手に伝えることが重要になってきます。

また、自分が大切にしたかった願いとは何かと自らの原点に還《かえ》ること（回帰《かいき》の行）、エネルギーが分散しがちであるがゆえに、意識的に一つのことに念を集中して取り組む習慣をつけること（収斂《しゅうれん》の行）などがあります。

こうしてタイプ毎に実践するライフスタイルも様々ですが、自分のタイプを知ったなら、どれか一つでも、ぜひ実践されることをお勧《すす》めします。そうすれば、それぞれのタイプであるがゆえに開かれる可能性が必ず現れてくるはずです。

【ＢＯＸ12●問題解決の方法Ⅲ】ウイズダムによって問題を解決する

私たちが今抱《かか》えている問題を、具体的にどのように解決していったらよいのか。その問題解決のためのメソッド（方法）が、「ウイズダム」です。ウイズダムは、一六六頁、【ＢＯＸ９】で触れた「因縁果報《いんねんかほう》」の見方を背景に抱《いだ》いています。ここでは「社員の心がバラバラな会社を何とかしたい」と思っている経営者の問題解決の道すじをウイズダムの考え方に沿《そ》って見つめてみましょう。

　問題解決の第一歩は、私たちがどのような願いを抱いているのか、「願い」を明らかにすることです。この場合で言えば、「社員の心がバラバラな会社から、互いの絆《きずな》を感じ合える会社にしたい」と願いを立てます。

　次に意識化するのは、「現状」です。「朝出勤しても、挨拶《あいさつ》を交わすこともないＡ社員」「問題が起これば、すぐに上司のせいにして自分の非を認めないＢ社員」「業績が上がらず、会社も休みがちなＣ社員」……等々、絆がバラバラな状態を示す様々な社員の現状を、できるだけ具体的に意識化します。

　そして、次が大切です。なぜそのような暗転《あんてん》の現状が生まれたのか、その原因を探求します。「すべての現象《げんしょう》は、直接的な原因である『因』と間接的な原因『縁』が結びついた結果『果報』として生じている」という因縁果報の見方に従い、まず「因」としての自分自身の心と行いを見つめます。「絆がバラバラになってしまった原因は、自分にある」と心を定め、正直に、あるがままに現状を振り返ります。「『どうせあいつ等は駄目《だめ》だ』といつも心の中でつぶやき、社員を信じていない」「朝から怖《こわ》い顔をしている」「成績が落ちると、怒鳴《どな》り散らすことがよくある」――等々、日頃の自分自身の現状を心の内面も含めて明らかにします。

間接的な原因となる「縁」は、「同志」となるべき専務や取締役などとの関わり、会社の社風である「原則」、そして、「システム」という側面から見つめます。例えば、本来なら一緒に協力して仕事をすべき専務が、私のやり方に事ある毎《ごと》に反発し意思の疎通《そつう》が図《はか》れない。「原則」として頭ごなしに叱《しか》りつける「上意下達《じょういかたつ》の風土」、そして定例の会議などが持たれず、ほとんど社長決裁《けっさい》で意思決定されるシステムなどです。

ここまで意識化すると、「絆がバラバラ」になるにはなる理由《わけ》があることが実感されてくるでしょう。暗転の「因」によって「縁」をつくり、暗転の現実が次々に生まれてゆく暗転循環のエネルギーの流れが見えてくるのです。

現実をつぶさに見れば見るほど、「問題を起こしていたのは、この私自身にあった」という「後悔」が立ち上ってきます。そして後悔がそれだけ深いということは、大切にしたい願いがあるからこそであり、後悔を刻《きざ》むことは、願いを発見することと同時です。暗転循環の流れを光転循環のエネルギーの流れに転換する基軸《きじく》になるのは、まさにこの「後悔と願い」を基《もと》とした「因」の転換にあるということです。

「因」が転換すれば、自《おの》ずと「縁」としての「同志」「原則」「システム」も転換します。自分の愚《おろ》かさを率直に専務に語り、まずそこから絆を結び直す。上意下達を超えて、「聞く」ことを大切にする社風に転換する。そして定例会議を必ず実施し、役員の全員一致による意思決定の仕組みを整える、社員の側から提案するシステムをつくる……など、具体的な方策が次々に見えてくるはずです。

分かりやすい事例で、ウイズダム発想による問題解決の道すじを描きましたが、取り組めば取り組むほど限りなく奥が深く、そしてそれゆえにこそ、現実的にも力を発揮《はっき》するのが、ウイズダムの特徴です。

そして、もちろん経営者だけではなく、医療者、教育者、またサラリーマンから青年、主婦、お年寄りに至るまで、年齢や職業を問わずあらゆる人々が、ウイズダムによる問題解決を実践《じっせん》し、現実的な成果を上げており、問題解決の手法として極《きわ》めて有効であることが実証されています。

あなたもぜひ、このような発想で問題を捉《とら》え直してみてはいかがでしょうか。そこから、思いもかけない解決の道が見えてくるはずです。

28 好きで結婚したのに、今では些細《ささい》なことで互いに感情的になり、嫌《いや》な結果になるだけ……

私と夫は十年前、互いに惹《ひ》かれ合って結婚しました。付き合っているときはよかったのですが、結婚後はすれ違いの連続で、些細なことで互いに感情的になり、口論《こうろん》に発展、いつも嫌な結果になってしまいます。今では顔を合わせるだけで気まずい空気が流れ、子どもたちも緊張しているのが分かります。特に決定的な事件が起こったわけではありませんが、このままではいけないと思いつつも、どうにもなりません。友人や知人に相談しても、「恋愛と結婚は違うんだから、ある程度仕方がないよ」とか、「子どものために我慢《がまん》するしかないんじゃないかしら。どうしても我慢できないんなら、別れるしかないと思うけど……」といった意見がほとんどです。本当に我慢するか別れるか、どちらかしか方法はないのでしょうか。

（三十五歳女性・会社員）

何よりも本心を大切にするところから始めましょう

互いに惹かれ合い、一緒に家庭をつくろうと将来を約束し合った夫婦であるにもかかわらず、時を経《へ》るほどに溝《みぞ》が広がり、やがて傷つけ合う関係にまでなってしまう。しかも、長年一緒に暮らしてきただけに、いきさつが雪だるまのように膨《ふく》れ上がり、すべてを白紙に戻してやり直すこともできない。何とかしたいのに、どうにもならず、手がかりさえ見つからない……。そうなってしまったとき、果たして夫婦の関わりは修復《しゅうふく》可能なのか——。あなたのように悩まれている方は少なくないように思います。毎日顔を合わせざるを得ない関わりであるだけに、避《さ》けて通ることもできず、深刻《しんこく》な問題であると思います。

しかし、あなたが悩んで、こうして相談されている背景には、まだ「何とかしたい」というお気持ちがあるからであり、それゆえの葛藤《かっとう》なのではないかと推察《すいさつ》しますが、いかがでしょうか。

まず、どのような問題にぶつかったときにも、立ち還《かえ》るべき原点は、自分の本心です。「自分は本当はどうしたいのか」「自分は何を願っているのか」ということです。夫と別れたいのか、自分たちの関係を修復したいのか、本当はどんな関係になりたいのか……。もちろん同じことがご主人の側にも言えるでしょう。

まず、そのお気持ちをしっかりと確かめることが、何よりも大切なことだと思うのです。関係を修復できるかどうかは、実はあなたが修復したいという気持ちを確かに抱《いだ》いているかどうかにかかっているからです。

二人の間の轍《わだち》を見定《さだ》め、「私が変わります」の実践《じっせん》から始めましょう

あなたと同じように悩まれていたあるご夫婦がありました。結婚生活も二十年あまり経ち、二人のお子さんたちも、自立し始めている頃のことでした。

お二人は惹かれ合って結婚されたのですが、歳月の中でボタンの掛《か》け違いのように少しずつ心がすれ違うようになりました。妻の山岡聡子《さとこ》さんは、夫の敏夫《としお》さん（いずれも仮名）に対して、優《やさ》しくて自分を受けとめてくれるところに惹かれて結婚したのですが、次第《しだい》に優柔不断《ゆうじゅうふだん》なところが気になるようになり、「男なら、もっとしっかりしてほしい」という不満の想いを抱くようになってゆかれたのです。そして、「主人のせいで私は大変な想いをさせられている」という被害者意識を強く持ち、何か問題が起こると、激しい勢いでご主人を責め立てるという関わりが繰《く》り返されるようになってゆきました。

一方ご主人は、その聡子さんの感情の嵐が襲《おそ》ってくると、いつも決まって、「暖簾《のれん》に腕《うで》押《お》し」「糠《ぬか》に釘《くぎ》」という状態で、はぐらかすような対応に終始されていたそうです。話せば話すほどお互いの溝《みぞ》は深まり、関係は険悪《けんあく》になってゆくばかり……。二人の子どもたち

も兄弟喧嘩《げんか》が絶えず、家庭にはいつもとげとげしい雰囲気《ふんいき》が漂《ただよ》っているという状況でした。そうした中で聡子さんは、一時は離婚を考えたこともあったそうです。

そんなお二人の夫婦生活に転換をもたらしたのは、聡子さんがご自身の想いと行い、すなわち受発色《じゅはっしき》（「受」＝受信の仕方、「発」＝発信の仕方、「色」＝それによって生じる現実。一五九頁、ＢＯＸ７参照）を振り返る中で、ご夫婦の間に長年かけてつくられてきてしまった轍としての受発色の入《い》れ子《こ》構造に気づかれたことでした。

まず、何か事が起こったとき、聡子さんはムッとなり、突っかかり、嫌《いや》みを言ったり、怒鳴《どな》ったりする。そして、最後は必ず、「だからあなたが悪いのよ」という結論に結ぼうとする。「悪いのは主人で、自分は正しいということをどうしても分かってほしい。そして、主人が変わってくれれば諸々《もろもろ》の問題が解決する」と思い込んでいたと言われるのです。

そんなとき、嵐が過ぎ去るのを待つような想いで、聡子さんの話をまともに取り合わないような態度に徹《てっ》していたのが、敏夫さんでした。そして、そのような敏夫さんの態度に接すると、聡子さんは、とても寂《さび》しい気持ちになると同時に「あなたのせいでこんな大変な想いをさせられている。それなのに正面から受けとめてくれない」と怒りを覚え、思わず「何やっているのよ。男でしょ！」と突っかかって、追いかけて言うことを聞かせようとしていました。そして、その聡子さんの受発色に対して、敏夫さんは「うるさいなあ」とますます逃げる――。追いかけるから逃げ、逃げるから追いかける――。お互いの想いと行いが、グルグルと悪循環し、ますます轍を深める結果となっていたのです。

聡子さんはこのような二人の間につくられていた受発色の入れ子構造に気づかれ、「何とかしてほしい」とご主人が変わることを要求していたのですが、それは、決して事態を解決する道ではなく、二人の関係を壊《こわ》し、かえって問題の根を深めてゆくだけであったことを見抜かれました。そこで、まず、ご自身の受発色を変えてゆくところから始めてゆこうと決意されます。いつもなら敏夫さんを思わずなじってしまうような場面でも、和顔愛語《わがんあいご》（和《やわ》らいだ笑顔で対し、愛情の込もった穏《おだ》やかな言葉を交《か》わすこと）に努《つと》め始めたのです。

初めのうちは無理をして笑顔に努めていた聡子さんでしたが、やがて自然な笑顔が生まれるようになりました。すると、ご主人も心を開いて率直な想いを語ってくれるようになり、二十年近くどうにもならないと思っていたご夫婦の関わりが、緩《ゆる》やかに、しかし確実に変わり始めたのです。しかも、ご夫婦の関係が変わったら、不思議なことに、お子さんたちもほとんど喧嘩をしなくなるという思いがけない影響も現れたのです。

「人生の条件」の違いを理解し合い、「サイド・バイ・サイド」の関わりを

いかがでしょうか。二人の間につくられてきた受発色の入れ子構造を見抜き、自らの受発色を転換してゆくとき、新しい夫婦の関わりが生まれる――。ぜひ、あなたも今日から、そうした歩みをできることから始めてみてはどうかと思うのです。

小著『人生で一番知りたかったこと』の「新しい夫婦関係をどうつくるか?」にも記させていただいたように、そもそも夫婦関係の難《むずか》しさは、最も近い人間関係でありながら、互いの「人生の条件」がまったく異なっていることにあります。あなたとご主人の場合も、人生に何を求めるのか、生活において何を大切にするのか、男女のはたらきや役割をどのように捉《とら》えるのか、子どもの教育において何を重視するのか……等々を大きく左右する互いの生まれや生い立ちなどの「人生の条件」が、もともと大きな違いを抱《かか》えていたと言えるのではないでしょうか。

恋愛の時代には、些細な違いとして気にすることもなく、むしろ自分にない個性として魅力的にさえ感じていたそれら一つ一つのことが、不理解の要因となり、ときには軋轢《あつれき》となって、二人の間に距離をつくってしまうということも少なくはありません。

しかし、結婚とは、もともと大きな違いを抱く人間同士が一つの家族となって新しい歩

みを始めるということであり、夫婦の出発点に違いがあるのは当然の前提と言えるでしょう。その人生の条件の違う者同士が本当に理解し合うということは、ある意味では大変な難事業であると言えます。その理解への道は夫婦として歩み始めたところから始まり、生活を共にしながら歳月《さいげつ》を重ねる中で、次第に夫婦に「成って」ゆくのです。

「人生の条件」の違いを抱く二人が夫婦として、その理解への道を歩もうとするとき、二人の関係には二つのあり方があると思うのです。一つは、互いに向き合って、必要とし合う（フェイス・ツー・フェイス）の愛情であり、こちらは誰《だれ》もが恋愛時代に自然に結んでいる関わりです。これは、相手によって簡単にぐらついてしまうとても不安定な関わりでもあります。もう一つは、二人が同じ方向を向いて手を携《たずさ》え、歩んでゆく同志のような（サイド・バイ・サイド）の愛情。人生を長く共に歩んでゆくには、この後者の関わりが必須《ひっす》となります。同じ目的を抱いていれば、それがどんなにささやかなものであっても、また離れていても、心を通わせ合い、一つになって歩むことができます。

二人が長い間つくってきてしまった関係の轍を振り返り、それぞれが「私が変わります」を実践してゆく道のりそのものが、もうすでにサイド・バイ・サイドの関わりと言えるでしょう。

そして、互いに「人生の条件」を深く理解し合い、受けとめ合った上で、相手の存在の大切さ、尊厳《そんげん》を認め合うとき、たとえ一時は傷つけ合った夫婦であっても、二人に意志があるならば、その絆《きずな》を恢復《かいふく》できる道は必ずあります。

29　夫の不倫《ふりん》に悩んでいます

ある日、たまたま机の上に置いてあった夫の携帯電話の受信履歴《りれき》を見てしまいました。すると、女性とメールを頻繁《ひんぱん》にやり取りしており、その内容から不倫であることがすぐに分かりました。結婚して三年、共稼《ともかせ》ぎで多少のすれ違いがあったとはいえ、愛してくれていると信じて疑わなかったので、その瞬間、目の前が真《ま》っ暗になりました。夫を問いただすと、不倫を認め謝《あやま》りました。「関係は断つから許してほしい」と懇願《こんがん》されましたが、私としては裏切られたショックで、悔《くや》しくて仕方ありません。子どものいない私たちにはもう離婚しかないのだろうか、と思い始めています。

（三十五歳女性・会社員）

感情的に高ぶっている心を鎮《しず》めて事態に向き合いましょう

あなたとすれば、愛し合って結婚したご主人が、自分以外の女性と付き合っているなどということは、想像すらできない青天《せいてん》の霹靂《へきれき》であったに違いありません。そして、今まで大切に築き上げてきた愛情も信頼関係も、その瞬間、脆《もろ》くも崩《くず》れ去ってしまい、「何を信じたらいいのか分からない。もう絶対に信じられない」と固く心に誓《ちか》うほどに、それは到《とう》底《てい》、許すことのできない裏切り行為と映《うつ》ったでしょう。

そんなあなたにとって、すぐにも「離婚」という結論を出さずにはいられないというのが、正直なお気持ちかもしれません。

でも、少し待っていただきたいのです。事実をまだ十分に把《は》握《あく》し切れていない現段階で、感情に流されて性《せい》急《きゅう》に判断するのは危険です。あなたが今どのような判断を下《くだ》すのか、それはあなたにとっても、あなたのご主人にとっても、これからの未来に少なからぬ影響を与える、極《きわ》めて重大な選《せん》択《たく》になることを思って下さい。

かけがえのない人生の選択を確かにすることができるように、まず心したいことは、現実を正しく受けとめること。中でも感情と事実を分けて考える、ということです。感情的になっていたら、どこまでが事実でどこまでがあなたの心が描いた物語である「感情の脚《きゃく》本《ほん》」(一〇三頁、BOX5参照)なのか、区別がつかなくなってしまいます。

共稼《ともかせ》ぎということもあり、ご主人との間の心の交流が十分ではなかったということであれば、どうしても思《おも》惑《わく》や憶《おく》測《そく》がはたらきやすく、「感情の脚本」に支配されてしまいがちです。あるがままの現実に基づいて判断するために、感情的に高ぶっている心を鎮めて事態に向き合うことを、まず大切にしていただきたいと思います。

二人の原点を思い出し、「不倫」という結果を生んだ背景を辿《たど》ることが大切です

「感情の脚本」に心を奪《うば》われることなく、素直な気持ちでこの事態に向き合う気持ちが定まれば、きっとあなたの中に見えてくることがあるはずです。

あなたが、不倫の事実を知ってこれほどショックを受け、「裏切られた。もう信じられない」と思ったということは、それだけあなたがご主人を深く愛していたからでしょう。「二人の愛は生涯《しょうがい》変わらない」と思うほどの確信があるからこそ、そこまで悲しみも深かったということ。あなた自身の中にあるその本当の願いを、ぜひとも思い出していただきたいのです。

それほど信じ合い、愛し合って結婚した二人でも、ふとしたことからすれ違いが生じ、最初はそれが些細《ささい》なことであったとしても、少しずつ思惑や憶測が膨《ふく》らんで、徐々に徐々に互いの溝《みぞ》が深まってゆき、やがては決定的な亀裂《きれつ》にまで至ってしまうのが、悲しいかな人間です。

だからこそ、決定的な亀裂に至る前に、もう一度原点に戻ることを大切にしたいのです。

そして、なぜそのように二人の間に溝ができてしまったのか、なぜご主人が不倫に走ったのか。結果としてそうなったということは、当然のことながら、そこに至る原因があったはずです。そのプロセスとなっている三年間の結婚生活を、まずあなたなりに振り返ってみてはいかがでしょうか。

もともと二人はどういう願いを抱《いだ》いて、互いに結婚を誓い合ったのか。そのような願いを抱きながらも、日々の生活の中で、どうしてすれ違うことが多くなったのか。仕事のことで頭がいっぱいになり、気づかないところでご主人を傷つけたり、がっかりさせてしまったということはなかったのか。約束していたのに果たせなかったこと、例えば、結婚以前は大切にしていた互いの誕生日や記念日を、結婚した途端《とたん》に疎《おろそ》かにしてしまったといったことはなかったか。

あるいは、今になって思えば、あのときのご主人の何気ない一言の中に、あるいは振《ふ》る舞《ま》いの中に、不倫につながる兆《きざ》しやサインがあったということはなかったか……。

ここで大切なのは、二人の夫婦生活を、あなたの立場から振り返るのではなく、善意なる第三者の立場に立って見つめようと心がけること。一方的にご主人の問題を挙《あ》げ連ねたり、逆に自分が悪かったといたずらに自分を卑下《ひげ》する立場から見つめるのではなく、あくまでも、あるがままに見ようとすることを大切にしていただきたいのです。

悔《く》いなき人生の選択のために、まずあなた自身から変わることではないでしょうか

愛し合って結婚した二人の間に、なぜ溝ができてしまったのか。ここまで振り返ってゆく中で、ご主人を一方的に責める想いだけではなく、あなたの中に、たとえかすかであっても、「ご主人に申し訳なかった」という後悔の気持ちが湧《わ》いてきたなら、私は、二人の夫婦生活をもう一度やり直す機会を考えた方がよいと思います。

お聞きしていると、まだあなた自身の正直な気持ちをご主人には伝えていない段階であり、また、ご主人の気持ちもほとんど分かっていないというのが現状でしょう。

ならば、結論を急ぐ前に、あなたとしてできることはとことん尽《つ》くすことです。あなた自身が本心を思い出し、そしてご主人との関わりの中で「足りなかった」と思う点は改め、まずはあなた自身が変わって、誠心誠意《せいしんせいい》、ご主人に関わり続けていってはいかがでしょうか。まだまだできることは、たくさんあるはずです。

そしてもちろん、ご主人にも変わっていただかなければならない点は多々あるでしょう。第一にご主人も深く後悔しているということですが、これ以上不倫関係を続けること

は、あまりにも多くの方を傷つけ、何よりも自分自身をも傷つけることになると思います。そのことをよく理解した上で、不倫関係を清算《せいさん》することはまず先決《せんけつ》です。そして、互いの気持ちをもっと深く受けとめ合い、愛と信頼を恢復《かいふく》してゆくためにも、夫婦で語り合う時間をもっと増やしてゆくことが大切でしょう。

あなたとして為《な》せることを為し、尽くすべきを徹底して尽くすことを、今はまず考えてはいかがでしょうか。半年なり一年なり、時間を区切ってもいいかもしれません。そのように徹底して尽くした上で、なお、二人の溝が埋《う》まらないということであれば、結婚生活そのものをもう一度考え直すということもあるかもしれません。

何億、何十億という人が生きているこの世界で、夫婦としての契《ちぎ》りを交《か》わすこと自体、ご主人とあなたとはどれほど深いご縁で結ばれた魂であることでしょうか。そのかけがえのない出会いのいのちが成就《じょうじゅ》するために、何を大切にし、何を捨てなければならないのか——。あなた自身が悔いなき人生の選択を果たせるようにと、心から願っています。

30 どうしてここまで嫌《いや》がらせを!? 私の心は姑《しゅうとめ》に対する不満で爆発寸前です

私の家族は親子四人で幸せに暮らしていましたが、今から二年前、姑との同居が始まってから一変してしまいました。舅《しゅうと》が亡くなり、姑が病気がちになったことから、親族との関わりもあって、一人息子の夫が姑を引き取らざるを得なくなったのですが、姑とはどうしてもうまくゆきません。それでも最初は馴《な》れないからと自分を説得していたのですが、いくら私が姑に尽《つ》くしても、姑は毎日嫌《いや》みを言ったり嫌がらせをして、「ここまでするの!?」と思うほどです。姑は、私のことを一人息子を奪《うば》った嫁としか思えず、嫌がらせをしているらしいのです。「こんな目に遭《あ》って何て自分はかわいそうなんだろう」と思いますし、正直言って「もう、姑のことは絶対に許せない」という気持ちもあります。

（四十五歳女性・主婦）

苦しんできた事態を本当に何とかしたいのでしょうか。あなたには選択《せんたく》が必要です

嫁姑の関わりで苦しんできた女性は少なくありません。むしろ、相手のご両親と同居した女性のほとんどが、多かれ少なかれ、そうした軋轢《あつれき》を抱《かか》えてきたと言えるように思います。あなたにはまず、苦しんできたのはあなただけではなく、あなたは孤立《こりつ》していないということを知っていただきたいと思います。

そこには、家風の違い、生活習慣の違い、味覚の違い、金銭感覚の違い、子どもの教育に関する考え方の違い……等々、ありとあらゆる「違い」が存在したことでしょう。

最初はささやかな違和感であったものが、時の経過とともに大きな溝《みぞ》となって反感や不満を引き出し、ついには後戻りできないほどの憎《にく》しみや恨《うら》みにつながってしまう――。そして収《おさ》め切れない軋轢を抱えながらも同じ屋根の下で毎日顔を合わせざるを得ないとしたら、それは互いにとってどれほどの苦しみとなるでしょう。

しかも、あなたの場合は、進んで同居の道を選んだと言うよりも、親族との関わりの中でそうせざるを得なくなったとのこと。お姑さんのお身体《からだ》や独《ひと》り暮らしの寂《さび》しさのことも、あなたの心をよぎったのかもしれません。そこまでお姑さんのことを考えて同居したのに、お姑さんから感謝されるどころか、毎日のように嫌みを言われ嫌がらせを受けているとしたら、理不尽《りふじん》な気持ちになるのもある意味で仕方のないことなのかもしれません。

一度掛《か》け違ってしまったボタンはどこまでも食い違いを生じさせ、不満は次なる不満を呼んで大きくなるばかり――。あなたの中に、「感謝してもらってもいいはずなのに」「認めてもらって当然なのに」という想いがあればあるほど、それはどうすることもできないものになってしまうでしょう。

ですから、あなたには、ここで改めて考えていただきたいのです。「自分はこの事態をどうしたいと思っているのだろうか」と。

あなたがこれまでどうにもならないと感じてきた現実に対してこういう形で訴《うった》えられたということは、一歩を踏み出そうとしているということかもしれません。そしてそこには、大切な一つの選択が横たわっていると思います。

あなたは今あなたが抱えている不満——理不尽な想いをスッキリさせたいのか、それとも理不尽な想いを生じさせてしまう事態そのものを何とかしたいのか——。そのことを、あなたの中ではっきりさせることが大切だと思うのです。

不満に捕らえられると、私たちはどうしてもそれを晴らしたくなり、新たな混乱の連鎖《れんさ》を生じさせてしまいがちです。不満が生じたとき、まず心すべきは、感情に支配されて自分を見失わないことであり、はけ口を求めて無軌道《むきどう》に走り出そうとする不満の力を調御《ちょうぎょ》することだと思うのです（小著『祈りのみち』の「不満をつのらせるとき」参照）。そのとき、本当はどうしたかったのかという本心を初めて自覚することができるのです。

不満・荒れの受発色《じゅはっしき》をとどめ、転換し、本心を率直に語ることから

製造会社の開発室長である川田千枝さん（仮名）も、かつてあなたと同じようにお姑さんとの関わりで苦しんでこられました。

そもそも人一倍努力家の川田さんは、たとえ仕事で疲《つか》れていても、懸命《けんめい》に家事に尽《つ》くしてこられました。ところが、結婚してから二十年近くにわたって、お姑さんとの間の確執《かくしつ》はなくなるどころか、深まるばかり……。例えば、川田さんが一度洗って干《ほ》した洗濯物《せんたくもの》を、お姑さんがもう一度自分と息子さんの分だけ洗い直して干す。川田さんがつくった食事を夫や子どもたちは「おいしい」と言ってくれるのに、お姑さんは「変な味がする」と文句を言って食べない……。一事が万事、こんな調子で、「仕事が終わって、さあ家に帰ろう。あの家……と思っただけで、体中の血が逆流するような気がした」と川田さんは述懐《じゅっかい》されます。その後、とうとう本当に血が逆流するという婦人科系の病気に罹《かか》ってしまわれたほどでした。「このまま行ったら私はどうなってしまうんだろう」「何でこんな嫌がらせをするのだろう。もう許せない」……。自分の中から地獄のような心がどんどん引き出されてしまう――。川田さんは、どうにかしたいと思いながらも、この不満と怒りの気持ちからは自由になれないという深い苦悩の真《ま》っただ中にありました。

そして、わらをも摑《つか》む想いでご自身の受発色（「受」＝受信の仕方、「発」＝発信の仕方、「色」＝それによって生じる現実。一五九頁、ＢＯＸ7参照）の回路を見とっていったとき、川田さんは、「私はできる。私は分かっている」という快《かい》・暴流《ぼうりゅう》の「優位―支配／差別」の受発色がお姑さんを嫌な想いにさせ、結果的に嫌みや嫌がらせとも思える言動を引き出していたこと、さらには苦《く》・暴流《ぼうりゅう》の「不満―荒れ」の受発色こそがますます互いの関わりを捻《ねじ》れさせ、どんどん不幸を増殖《ぞうしょく》していたことに気づかれたのです。「自分の受発色こそが、この事態の原因だった」――それは、想像したこともない自分とお姑さんの関わりであり、内と外のつながりの現実でした。

深い後悔とともに一念発起《いちねんほっき》され、川田さんの「私が変わります」――受発色を変革する「行《ぎょう》」の実践《じっせん》が始まりました（二一九頁、ＢＯＸ11参照）。そして、川田さんは少しずつ、「優位―支配／差別」の受発色と「不満―荒れ」の受発色を転換し、お姑さんとの絆《きずな》を結び直したいというご自身の本心を摑んでゆかれたのです。

そんなある日、お姑さんが苦境に立ったことを知った川田さんは、本心からまごころを込めて、「苦しくてもつらくても一緒に助け合ってゆく家族をつくろう。私もおばあちゃんを守るから安心してね」とお姑さんに率直に伝えたとき、お姑さんは「今までごめんなさい。ありがとう」と言って泣き出されたそうです。思いがけず恵《めぐ》まれた出会いでした。そして今では、互いに心が通い合うようになり、嫁姑の関わりを超えて、まるで友達のような関係になることができたのです。

幸せの鍵《かぎ》は、外にあるのではなく、受発色を転換する中にあります

このような川田さんの体験から、私たちは何を手がかりとすることができるのでしょうか。かつて川田さんが「おばあちゃんが変われば、私たちは幸せになれる」「私たち夫婦二人だけで生活できれば幸せになれる」と思っていたように、あなたも「お姑さんさえ変われば……」「お姑さんさえいなくなれば……」と思ってはいませんか。

しかし、問題を外に見て相手のせいにする、この不満の回路こそ、実は不幸をどんどん増殖する回路であるとは言えないでしょうか。相手を変えようとするやり方だけでは、決して幸せにはなれなかった——。それは、これまでの歩みが物語っていることではないでしょうか。

幸せの鍵はどこにあるのか——。それは、外にはなかったのです。自らの受発色の回路にこそ、その鍵、その入り口はあり、自らの受発色を見つめ、転換したときに、それは幸

せを運ぶ回路となり、道となってゆくのです。

「分かってくれない」「認めてもらえない」「自分を大切にしてくれない」といった不満の受発色をとどめ、転換して、まごころからなる本心に目覚め、率直にお姑さんに語りかけ、関わってみる——。そのとき、あなたはきっと、思いも寄らない新たな現実、新たな関わりが開かれることを体験されることでしょう。

31 両親の介護《かいご》で精神的にも肉体的にも疲労困憊《こんぱい》しています

昨年、舅《しゅうと》が突然倒れ、他界して以来、姑《しゅうとめ》と一緒に暮《く》らし始めたのですが、ある日気がつくと、痴呆《ちほう》の症状が見られるのです。夫が長男なので、いずれ同居することもあるかもしれないとは覚悟《かくご》していましたが、できれば避《さ》けたかったのも本音です。それが、まさか痴呆の姑の介護をすることにまでなろうとは思いも寄りませんでした。しかも子どもが独立した今、私一人で姑の世話をしなければならず、このままでは私の方がまいってしまいそうです。

（五十一歳女性・主婦）

大切な呼びかけが届いていることを信じて下さい

お子さんは独立なさっているとのことですから、ご主人がお勤めの時間は、お姑さんと二人きりで顔をつき合わせることになるわけですね。ましてや、お姑さんの痴呆が進んでいらっしゃるということですから、会話一つにしても、心を通わすものとはならない上に、食事から洗濯《せんたく》、あらゆる身の周りのお世話と、その一つ一つがどんなに大変なことでしょうか。そんな毎日がいつまで続くとも分からないまま繰《く》り返されるわけですから、くじけそうになるのは無理もないことです。

しかし、ここで知っていただきたいことがあります。どんな試練であっても、意味のない試練はなく、その中に必ず呼びかけが届いているという人生の真実です。このことは本書でも繰り返し述べてきたことではありますが、試練の中で苦しまれているあなただからこそ、改めてお伝えしたいと思うのです。

そして、できればお姑さんとの同居を避けたかったあなたにこの困惑《こんわく》の事態が訪れたこと、そこには必ず大切な呼びかけが届いており、深い意味が孕《はら》まれていることを信じていただきたいのです。一体どのような呼びかけであり、意味なのか——その答えはあなたの心の中に隠《かく》されています。

お姑さんと日々接するあなただからこそできることがあります

確かに大変な事態ではあっても、お姑さんのお世話というこの試練の中にどんな呼びかけが届いているのか聴いてみようという気持ちが整ったなら、次の二つのことに取り組んでみてはいかがでしょうか。まず一つ目は、お姑さんの人生をよく知り、理解してみようということ。二つ目は、これまでの歳月《さいげつ》の中でのお姑さんとの関わりを思い出し、振り返ってみるということです。

「良い嫁として、お姑さんを大切にしなければ」と心に言い聞かせても、どうしても好きになれない人を大切にすることはできないでしょう。短い期間我慢《がまん》することはできても、長くは続きません。「ねばならない」という心では、大切にすることが義務になって、やがてどこかに無理が生じてしまうでしょう。かと言って好きになれないからと、感情の赴《おもむ》くままに邪険《じゃけん》に当たったり、放置《ほうち》するのもやがて必ず後悔することになります。

お姑さんの人生も、あなたの人生も本当に大切にされる道を探そうとするなら、まず何よりも、あなたの内にお姑さんに対する愛を育《はぐく》むことです。それも無理やりにではなく、自然に湧《わ》き上がるようにするには、お姑さんの人生を深く理解することから始めることでしょう。ご本人と会話が成り立たない状況なら、ご主人をはじめとして、お姑さんのことをよくご存知の方から、お姑さんの生い立ちや人生の条件を伺《うかが》ったり、好き嫌いや、価値観など、お姑さんの人柄《ひとがら》や心の内が理解できるようなお話を伺うことも一つの方法でしょう。

考えてみるならば、まったくの他人同士の二人が結婚をきっかけに嫁と姑という関係を結び、同じ屋根の下に生活するということは本当に不思議なことです。ご縁《えん》としか言いようのない関わりです。人生の中で血のつながりもなく、このような深い関わりを結ぶ人は、数えるほどしかないでしょう。その運命の不思議を心に置いて、お姑さんへの理解を深めてゆかれることだと思うのです。

それと同時に、二つ目として挙げた、あなたご自身とお姑さんとの関わりを振り返るという取り組みを進めてみてはいかがでしょうか。誰《だれ》よりもお姑さんと接する時間が長いあなただからこそ、できることの一つだと思うのです。

ここで、森川優子《ゆうこ》さん（仮名）という女性の取り組みをご紹介したいと思います。

優子さんの場合、結婚以来、二十五年間同居していたお姑さんが、ある日痴呆が始まっていたことに気づいたのですが、当初はその事態をどう受けとめてよいのか分からず、心身ともに疲労が重なってゆきました。しかしあるとき、夫や子どもに八つ当たりをして、心がとげとげしくなってゆく自分の姿に気づかれたのです。自分の切なさとおぞましさを感じてしまったそのときから、優子さんの新しい一歩は始まりました。

まず優子さんが取り組んだことは、お姑さんの発症までのご自身の関わり方を振り返ることでした。そしてその取り組みを通して、お姑さんの一挙手一投足が頼《たよ》りなく、気が利《き》かないように映《うつ》り、イライラの連続だったことが思い起こされたのでした。

「私に任《まか》せておけばいいのよ」と、自分の思い通りに家事を仕切り、晩ご飯だけは一緒に食べるものの、ほとんど会話もないような食卓だったこと。これまでお姑さんの気持を受けとめようとはしてこなかったことが見え始め、同時にお姑さんの切ないような気持ちが胸に迫ってきたと言われます。

以来、優子さんは、まず自分が言いたいことよりも、お姑さんが伝えたいことに耳を傾《かたむ》けることに取り組もうと決意しました。そして、お姑さんに心からの優《やさ》しさを込めて言葉をかけられたそうです。「おばあちゃん、娘時代、何か楽しい思い出はある？」――たとえ返事がなくてもじっと待ち続けました。幾度《いくど》も声をかけ続ける中で、ようやく耳にした言葉は、「何も覚えていない」という返事でした。それでも機会あるたびに尋《たず》ねました。忍耐《にんたい》強く、幾度も幾度も。そしてようやく少しずつ話して下さるようになったのです。得意だった科目、先生に誉《ほ》められたこと、好きだったこと、懐《なつ》かしい旅の思い出……。そうした時間が続き、やがてはご自身から次から次へと話すようになられたそうです。

痴呆が進む前でさえ、「昔のことは覚えていない」と言うのが口癖《くちぐせ》だったお姑さんの心に、こんなにもいろいろな思い出が詰《つ》まっていたとは……。優子さんは驚きました。

そして、次第《しだい》に二人の間に温かい時間が流れ始めました。「こんな出会いができたのに、私はこれまで何をしてきたのだろう……」。申し訳ない気持ちと自分の愚《おろ》かさに涙が溢《あふ》れました。

しかも不思議なことに、その出会いをきっかけに、医師からは治癒《ちゆ》の見込みがないと言われていたお姑さんの痴呆が快方《かいほう》に向かっていったのです。

「今では、食卓を囲んでの会話も弾《はず》み、家族の交流も生まれてきました」。そう語る優子さんは、以前お会いしたときのようなイライラした表情が消え、目には穏《おだ》やかで温かい光が宿っていました。

「癒《いや》されたのは私でした。私にはない優しさを持つ方として、お姑さんを心から尊敬できるようになりました」と優子さんは述懐《じゅっかい》します。その言葉は決して自分への慰《なぐさ》めでも、一時の高揚《こうよう》からでもなく、深い悔《く》いを伴《ともな》った衷心《ちゅうしん》からの想いであることは、声の響《ひび》きが示していました。

単に心境の変化という言葉では片づけることのできない、大切な人生の転換が優子さんに起こったことは間違いありません。かつてとは違う新しいまなざしを抱《いだ》いたからこそ訪れた気持ち、開かれた出会い——。優子さんは、痴呆の姑のお世話という事態の奥に秘められていた「呼びかけ」の答えを自ら見出《みいだ》し始めたのです。

新しいあなたへの転換を

もちろん、この方の体験があなたにそのままあてはまるわけではないと思います。しかし、苦しくてどうにもならないと思っていたその出来事の奥に、実は新しい自分の誕生を待ち望む呼びかけが秘められていたことを、この例は教えてくれているのではないでしょうか。そしてその取り組みが、思いもかけない変革への扉《とびら》を開くこともあるかもしれません。

最近は、公的な介護サービスも充実し始めています。具体的な介護の体制は、ぜひ専門家の方に相談されることをお勧《すす》めします。状況によっては、つぶれそうになるまで一人で背負うのでなく、介護サービスをお願いすることが必要なこともあるでしょう。

何よりも、あなたが、実の息子であるご主人以上に、お姑さんとの出会いに恵《めぐ》まれているという現実の中に、深い人生の意味を見出すことができ、介護という苦労の多い厳《きび》しい営《いとな》みを通して、新しい人生が始まることを祈っています。

《付録》自己診断チャート——真に問題を解決する新しい自分を発見するために

本文でもしばしば触れたように、問題を起こしている根本原因は、人間の内側・心であり、その問題を解決するための力も人間の心にあります。ですから、自分の心がどのような可能性を抱《いだ》き、テーマを抱いているのかを知ることが、問題を解決してゆくためには不《ふ》可欠《かけつ》です。それは同時に、新しい自分を発見し、新しい問題解決の道を見出《みいだ》すことにも等しいことなのです。

自分自身の心の傾向を摑《つか》むための手がかりとして、次の自己診断チャートに取り組んでみて下さい。

まず、以下の項目の中から、自分によく当てはまると思う項目をチェックして下さい。

①人から苦言《くげん》を呈《てい》され、それが理《り》不尽《ふじん》であると感じると、怒ったり、開き直ったりする癖《くせ》がある。

②自分の人生は「それなりのものである」と胸を張れる。

③何かあると、すぐに落ち込んでしまう。

④問題がないことが重要であり、無風であることが平和である。
⑤自分の人生を振り返ると、失意の念に苛《さいな》まれる。
⑥自分がやりたいようにやりたい。
⑦父や母に対して許せない想いがある。
⑧自分の人生を振り返って、「とりあえず平和な人生だった」と思う。
⑨自分は「やり手」であると思う。
⑩人から「ボーッとしている」と言われることがある。
⑪すぐに理不尽な気持ち（被害者意識）に襲《おそ》われる。
⑫「人から何か言われるのではないか」といつもびくびくしている。
⑬「自分は温厚な性格である」と思っている。
⑭失敗することが怖《こわ》いので、逃げてしまうことが多い。
⑮自分の立場が上がったり、世間に認められたりすることに、強い手応《てごた》えと充実を感じてきた。
⑯「どうせ人間には表と裏がある」という気持ちが強い。
⑰人から「怖い」とよく言われる。

⑱「自分にさせてくれればもっとできるのに」とよく思う。
⑲「一生懸命《いっしょうけんめい》ならば、できなくても仕方がない」と思う。
⑳人から嫌《きら》われることが嫌《いや》なので、率直に意見することができない。
㉑人に負けるのは絶対に嫌である。
㉒人生を振り返ってどうしても許せない人がいる。
㉓いつも自分を守ってくれる人がいた。
㉔「自分はどうしようもない」と自己否定してしまう。
㉕「どうせできない。自分なんか」と、最初からあきらめてしまうことが多い。
㉖何かを実現することよりも、皆が「和気あいあいとして楽しいこと」が重要である。
㉗歴史上の人物（英雄、天才、奇才……）にあこがれる。
㉘「怒り」がたやすく態度に現れてしまう。
㉙いつも自分中心でないと気持ちが悪い。
㉚「屈しないことが強いことである」と思う。
㉛「自分にはそれほど強い執《とら》われがない」と思っている。
㉜「迷惑をかけるくらいなら、何もしない方がましである」と思う。

次に、次頁の線表のシート（a）を使って、結果を集計してみましょう。まず、横線に従って、自分がチェックした項目のボックスに印をつけます。次に、縦線に従って、印がつけられたボックスの数を集計し、AからDの欄《らん》にその合計を記入します。最後に、その結果をその次の頁の集計シート（b）に書き入れます。七点～八点には◎、五点～六点には○、三点～四点には△、二点以下は空白として下さい。点数が高くなるにつれてその傾向が顕著《けんちょ》であると考えられます。○は強い傾向、◎はより強い傾向と受けとめる必要があります。あなたには、どのような心の傾向が強く現れているでしょうか。

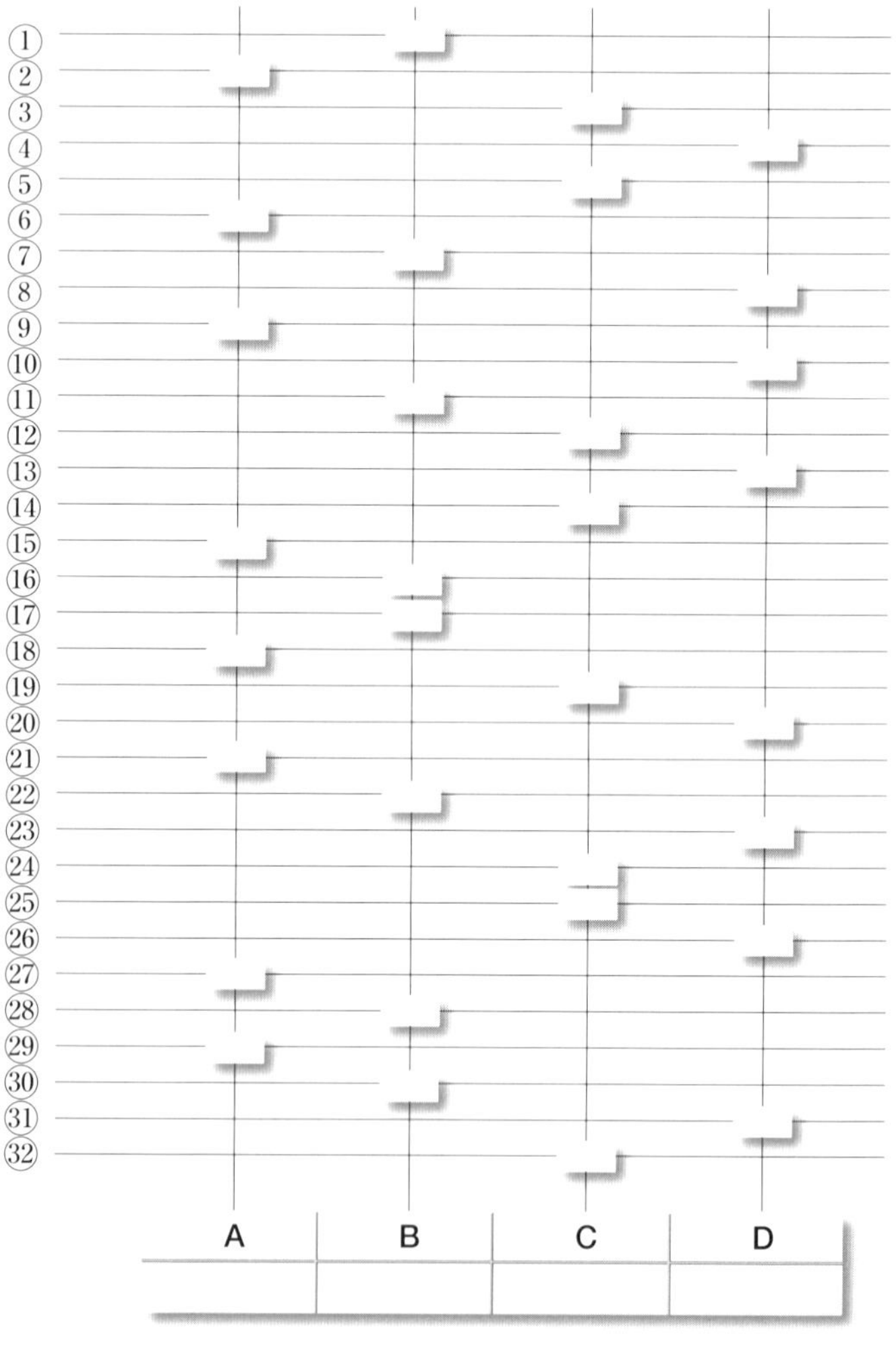

自己診断チャート集計シート(a)

A	自信家	
B	被害者	
C	卑下者	
D	幸福者	

7〜8…◎
5〜6…○
3〜4…△
0〜2…空白

自己診断チャート集計シート（b）

著者プロフィール

高橋佳子（たかはしけいこ） 1956年、東京生まれ。幼少の頃より、「人は何のために生まれてきたのか」「人はどこから来てどこへ行くのか」「宇宙と人間にはどのような関わりがあるのか」……等々、人間・人生・宇宙に関わる疑問探究を重ねる。数千名の方々との対話を実践する中で新たな人間と世界の法則をTL（トータルライフ）人間学として集成。心と現実、自らと世界を統一して変革する内外合一の道を提示する。現在、精力的な執筆・講演活動に加え、TL経営研修機構・TL医療研究会・TL教育研究会をはじめ、科学・法律・芸術・演劇等、各分野の専門家を指導。1977年より主宰するGLAでは、内と外をつなぐ問題解決と創造の方法によって現実を変革するTL人間学実践者が、青少年から熟年に至るまであらゆる世代にわたって多数輩出している。講演・講義は年間百回に及ぶ。著書の愛読者を対象に1992年より全国各地で開催されている講演会（TL人間学講座）は、これまでに延べ31万人が受講している。著書は、『二千年の祈り』『人生で一番知りたかったこと』『「私が変わります」宣言』『新しい力』『祈りのみち』をはじめ、TL人間学の基本理論と実践を著した『ディスカバリー』『希望の原理』『グランドチャレンジ』、さらには教育実践の書『レボリューション』『心のマジカルパワー』など多数（いずれも三宝出版刊）。『心の原点』『人間釈迦』などの著書で知られる高橋信次氏は著者の尊父。

いま一番解決したいこと

2004年6月1日　初版第一刷発行

著　者　高橋佳子
発行者　高橋一栄
発行所　三宝出版株式会社
〒130-0001　東京都墨田区吾妻橋1-17-4
電話　03-3829-1020
http://www.sampoh.co.jp/
印刷所　株式会社アクティブ

ISBN4-87928-045-3

装幀　今井宏明　三宅正志
表紙写真　岩村秀郷